ELOGIOS PARA *DE COMPR*

«Tu mayor ventaja competitiva es er
En este libro informativo, entretenido y altamente relevante, Elizabeth Pace te permite echarle un vistazo al conocimiento más importante que puedas tener sobre tus clientes: cómo toman sus decisiones de compras los hombres y las mujeres. ¡Es un libro magnífico!»

Joe Calloway
Autor de *La ventaja competitiva de la categoría de uno*

«Una lectura agradable y beneficiosa, apropiada para todos los negocios con un equipo de vendedores de distintos géneros o con clientes diferentes en género. Si tiene un hijo o una hija, un padre o una madre, o una hermana o un hermano, usted sabe que los hombres y las mujeres piensan y reaccionan de maneras diferentes, pero probablemente no sabe por qué o no conoce cómo adaptarse mejor a cada uno. Elizabeth Pace presenta consejo bien considerado y científicamente basado de una manera entretenida y fácil de asimilar para permitirles a los hombres y las mujeres hacer mejor sus ventas y mercadeo para cada género, aumentando su oportunidad individual de éxito y así la eficiencia de su negocio y sus ventas».

Jennifer J. Fahey
Vicepresidenta ejecutiva, colíder,
ARS U.S. Sales and Mercadeo
Aon Risk Services, Inc.

«*De compras con él y ella* debería ser una lectura obligada para cualquier estudiante, empleado, consultor o ejecutivo involucrado —o que planifica estar involucrado— en actividades publicitarias, ya sean de productos o de servicios. El género es una pieza vital e importante dentro del rompecabezas de las ventas y el mercadeo que confunde a muchos: ¿Cómo se incorporan las diferencias de género como una ventaja injusta? Elizabeth Pace ha hecho un trabajo maravilloso explicando las diferencias y ofreciendo perspectivas muy prácticas».

Stryker Warren, hijo
Director ejecutivo, Urologix
Empresario en el cuidado de la salud

«¡Todo el mundo puede beneficiarse con esta lectura! Este libro explica la conducta humana desde un punto de vista científico y nos ayuda a entender por qué los hombres y las mujeres se comportan a veces de la manera tan alocada en que lo hacen. Los ejemplos son perfectos y me reí a carcajadas por el parecido con experiencias que he tenido en mi hogar y en mi trabajo. La información y las estrategias presentadas son ampliamente aplicables al tratar con hombres y mujeres, tanto en el plano personal como en los negocios».

Dra. Laura L. Lawson

«Como consejero y orientador ejecutivo por más de veinte años, he leído innumerables libros sobre comunicación, pero he descubierto que *De compras con él y ella* de Elizabeth Pace está lleno de información original y reveladora que los hombres y las mujeres pueden usar en sus vidas personales y profesionales. Pace tiene un vasto conocimiento sobre lo que hace único a cada sexo, y presenta esa sabiduría sin emitir juicio y con el deseo de ayudar a que todo el mundo aprenda cómo maximizar sus habilidades para ser escuchado y entendido».

Ken Cope
Orientador ejecutivo, Core Resources, LLC

De compras con **él** y **ella**

De compras con él y ella

Técnicas de **mercadeo** para **entender** cómo venderles al hombre y a la mujer

Elizabeth Pace

GRUPO NELSON
Una división de Thomas Nelson Publishers
Desde 1798

NASHVILLE DALLAS MÉXICO DF. RÍO DE JANEIRO BEIJING

Publicado en Nashville, Tennessee, Estados Unidos de América.
Grupo Nelson, Inc. es una subsidiaria que pertenece completamente a Thomas Nelson, Inc.
Grupo Nelson es una marca registrada de Thomas Nelson, Inc.
www.gruponelson.com

Título en inglés: *The X and Y of Buy*

Agencia literaria Linda Konner
Publicado por Thomas Nelson, Inc.

Traducción: *Omayra Ortiz*
Adaptación del diseño al español: *blomerus.org*

ISBN: 978-1-60255-289-0

09 10 11 12 13 BTY 9 8 7 6 5 4 3 2 1

Por todo lo que ustedes hacen para llenar mi alma y hacer que mi corazón cante, dedico este libro a mi familia...

Carah, continuamente me maravilla tu enfoque y tu creatividad —yo te amo más.

Ally, tu sentido de lo absurdo y tu enorme corazón iluminan mi vida.

Phil, tu sabiduría, paciencia y fortaleza son mi roca. Gracias porque siempre haces que nuestros votos matrimoniales signifiquen exactamente lo que dijimos.

contenido

introducción

SEXO, VENTAS Y ESTEREOTIPOS

A lo largo de mis veinticinco años de experiencia en las áreas de mercadeo, creación de marcas y ventas en las industrias de hospitales y cuidado de la salud, he estudiado docenas de programas y técnicas para vender, todas con la promesa de aumentar las ventas por medio de la identificación y comprensión de distintos tipos de conducta. Equipada con esta información, *debiera* ser capaz de comunicar el mensaje correcto, en el estilo correcto, en el momento correcto y con el máximo impacto a cualquier cliente existente o potencial. Y usando estos modelos de conducta, los comerciantes y vendedores han tratado de aplicar algo de ciencia al arte de vender.

Un gran problema: no soy psicóloga de la conducta ni puedo, bajo ninguna circunstancia, recordar los distintos tipos de conducta, y mucho menos identificar —en los primeros cinco minutos de una reunión— los patrones innatos de conducta de mi cliente potencial. Y supongo que lo mismo también es cierto para la mayoría de ustedes.

Siempre en la búsqueda de un mejor método para conectarme con mis clientes, a mediados de la década de los noventa, comenzó a intrigarme un tipo de neurociencia emergente que usaba estudios funcionales con MRI (Exploración de Resonancia Magnética, por sus siglas en inglés) que realmente rastreaban la actividad en el cerebro humano. Mientras estos estudios se extendían —y continúan haciéndolo de una manera acelerada gracias a la tecnología mejorada— era sorprendente descubrir que el cerebro de los hombres y las mujeres responde de manera distinta a muchos estímulos.

Entonces en marzo del 2002, mientras hacía una escala en el aeropuerto de Las Vegas con mi familia, entré a una tienda de libros. De inmediato captó mi atención el recién publicado libro en tapa dura *The Wonder of Girls* [La maravilla de las niñas] de Michael Gurian. Había estado viajando nueve horas con mis hijas, en aquel entonces de seis y cuatro años, y estaba comenzando a sentir algo de afinidad con las especies que se comen a sus cachorros. Afortunadamente, me devoré el libro en vez de mis hijas. Fascinada por las explicaciones biológicas de la conducta de mis hijas y de las de una mujer de cuarenta y tantos años como yo, estudié minuciosamente otros libros que discutían diferencias biológicas entre los géneros que afectan la conducta.

Como he pasado toda mi carrera profesional en las áreas de mercadeo y ventas, y tengo un cerebro femenino diferenciado —y como descubrirás luego, que le encanta relacionar ideas— mi cerebro automáticamente clasifica la mayoría de la información a través del filtro «¿cómo se relaciona esto con el mercadeo?» De ahí nació *De compras con él y ella.*

Pienso que estarás de acuerdo conmigo en que dos segundos luego de conocer a una persona puedes identificar con certeza si se trata de un hombre o de una mujer, el 99.99% de las veces. ¡Felicidades! Ya has ganado la mitad de la batalla si tu estrategia de ventas no depende de la asociación psicológica y sí de las diferencias específicas entre los géneros. También creo que encontrarás en *De compras con él y ella* herramientas más fáciles de implementar que tratar de hacer un perfil de cada cliente potencial.

Reconocerás la verdad en las conductas específicas entre los géneros que discutiremos porque las ves todos los días en tu esposa, tu esposo, tus hijos, hijas o compañeros de trabajo del mismo sexo o del sexo opuesto. Me parece que fue el escritor C. S. Lewis quien una vez describió perfectamente la transferencia de verdad de una persona a otra: «La mayoría de las personas» —explicó— «no necesita que se le hable, sólo necesita que se le recuerde». Este libro servirá como material algunas veces gracioso, otras veces frustrante y siempre revelador para aquellos de nosotros que estamos en el campo de las ventas y el mercadeo. También elevará a un nuevo nivel tu productividad y tus ganancias.

He dividido este libro en dos partes. Los primeros ocho capítulos abordan las diferencias entre los géneros y cómo dirigir tus tácticas de mercadeo para conectarte con tu audiencia femenina y masculina. En los capítulos 9 y 10 explico el *GenderCycle Selling*™ [El Ciclo de Ventas de los Géneros] con ejemplos pragmáticos de estrategias de ventas directas a mujeres y a hombres. Con la mayoría de los productos y los servicios, puedes crear la mejor campaña de publicidad en el mundo que atraiga a los clientes hasta la puerta de tu tienda, pero luego perder la venta si el vendedor no puede conectarse o expresar claramente el valor de tu producto.

En aras de una absoluta inclusión, ciertamente existen excepciones a toda regla. Podemos coincidir en que no todos los hombres son iguales, ni que tampoco todas las mujeres son idénticas y los polos opuestos de los hombres. Hay mujeres que poseen lo que los científicos llaman un cerebro «masculino diferenciado» —¡sí!, *existen* mujeres que disfrutan estacionar sus autos de forma paralela. No estamos hablando de orientación sexual, sino de procesos de pensamientos y las emociones que nos impulsan. Pero tales excepciones son un tanto inusuales. Al entender los principios presentados en *De compras con él y ella* tendrás mayor efectividad con la gran mayoría de tu mercadeo enfocado en el género. Ninguna estrategia psicológica de caracterización te ofrecerá mejores posibilidades.

La validez de la estrategia presentada en *De compras con él y ella* es sencilla: ya sea que estés diseñando un producto, promocionando un nuevo servicio o haciendo una presentación de ventas decisiva, quieres que tu audiencia tome una decisión. Quien toma la decisión es un hombre o una mujer o, en algunos casos, la decisión final es tomada por ambos géneros. En cualquiera de los casos, debes captar la atención del cliente que realiza esto. Ellos son los que *te* venden potencial, hay que avivar sus emociones e inspirarle a decidir a favor tuyo.

La decisión de comprar es de ellos. Para tener la mayor influencia en su decisión, debes entender el proceso cerebral para la toma de decisiones y las formas particulares en que ese proceso se diferencia entre los clientes potenciales femeninos y los masculinos. Es una estrategia que pocos usan, pero es muy probable que hayas escuchado de los que sí lo hacen. Ellos son los que te están vendiendo a *ti* tus productos favoritos.

PARTE 1

Cómo enfocarte en las diferencias inherentes de cada género

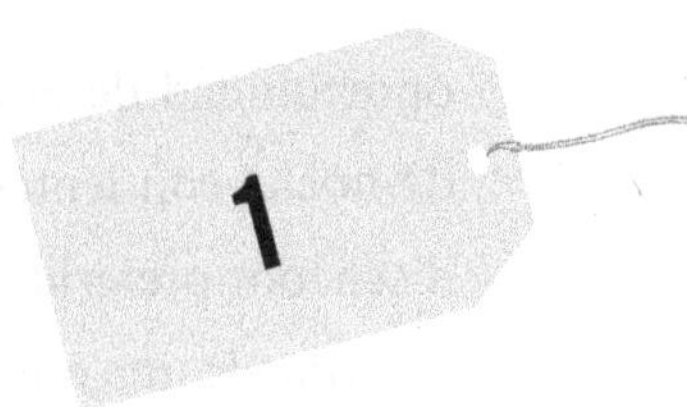

INTENCIONALMENTE DIFERENTES

Los hombres compran; las mujeres se van de compras y luego adquieren el 80% de todo.

¿Necesitas comprar un traje para caballeros? Usa la entrada principal de la tienda de departamentos Neiman Marcus y *¡listo!*... trajes para caballeros en todos los colores, las tallas y marcas imaginables están disponibles en la misma área.

Una mujer tiene que hacer mucho más ejercicio en la búsqueda de ese nuevo conjunto. Tiene que virar a la izquierda al pasar la misma puerta de entrada, alejarse del departamento para caballeros, atravesar un laberinto de perfumes y cosméticos, y pasar por los zapatos y las carteras al pie de las escaleras eléctricas. Cuando llega al segundo nivel —dedicado completamente a ropa para damas— tiene la oportunidad de examinar la vestimenta casual y los vestidos de noche con lentejuelas antes de encontrar la sección de su diseñador preferido.

¿Puede una mujer llegar a su destino sin comprar algo más en el camino? La gente de Neiman piensa que no. ¿Llegaría un hombre a esta remota esquina para buscar un traje de diseñador? ¡Ni en un millón de años! Las tiendas competitivas como Neiman saben que mientras que a las mujeres les gusta la búsqueda, a los hombres les gusta llegar al blanco. La mayoría encuentra indeseable —por no decir absolutamente tedioso— el tener que maniobrar por todo el centro comercial. Las tiendas de departamentos atraen a los hombres con una presentación del tipo entrada-fácil y salida-rápida, mientras que también atraen a las mujeres en su anhelo de una compleja experiencia sensorial mientras están de compras.

Los hombres y las mujeres son diferentes. La tubería es distinta; el cableado es diferente. Ni mejor... ni peor... simplemente distinto. Percibimos, pensamos, comunicamos y respondemos al mundo de una forma diferente. Decir esto en un mundo corporativo posfeminista ha sido un suicidio político. Sin embargo, los científicos han confirmado que los hombres y las mujeres usan diferentes partes de sus cerebros y por consiguiente, se comportan de forma distinta en una gran variedad de situaciones —incluyendo las formas en las que compramos y consumimos productos y servicios.

Como profesional en las ventas, la publicidad y el mercadeo, entender estas diferencias es la clave para tu éxito. Cuando eras pequeño, te enseñaron la regla de oro: trata a los demás como quieres que ellos te traten. Pero al ir creciendo, se hizo evidente (con frecuencia durante el recreo en la escuela) que la mitad de los «demás» —aquellos del sexo opuesto— no responde bien a eso de ser tratados como tú quieres que te traten. Si todavía estás tratando a la otra mitad de tus clientes de la manera en que *tú* quieres ser tratado, es muy probable que estés perdiendo la mitad (o más) de tu mercado y dejando la mitad (o más) de tus ventas sobre la mesa.

Para aumentar las ventas, tienes que entender qué es lo que impulsa de manera única a tus clientes, masculinos y femeninos, y maximizar tus opciones para comunicarte con ellos. Ya sea que vendas productos tangibles como carros o casas, o productos intangibles como servicios financieros y soluciones para los negocios, continúa leyendo. Entender la percepciones inherentes, las motivaciones y las emociones específicas de los cromosomas X y Y es la manera más poderosa para aumentar las ganancias.

LA X MARCA EL LUGAR

«Yo soy porque compro» fue el título del primer trabajo escrito para la clase de filosofía de Mallory Keaton. En su papel como la primera estudiante con pobre ejecución académica en su familia en la serie cómica de los ochenta *Family Ties*, Mallory expresó el grito universal de las adolescentes: «¡De compras hasta que caiga muerta!»

Si el impulso de comprar está escrito en el código genético de las mujeres, los científicos deberían investigar el cromosoma X para encontrar el gen de las compras. Doblemente bendecidas con la X, las mujeres hoy día controlan el 83% de todas las compras de los consumidores. Y estos productos y servicios no son sólo jabones y sujetapapeles. La mayoría de las computadoras domésticas, materiales para terrazas, autos nuevos y servicios de salud son comprados por mujeres.[1]

Las mujeres ahora han llevado su destreza para las compras al mundo empresarial, en el que ocupan el 51% de las posiciones de gerentes y agentes de compras.[2] Las mujeres también llevan la voz cantante en la compra de beneficios, ya que ocupan la mayoría de las posiciones ejecutivas en los departamentos de recursos humanos.[3]

Las mujeres no sólo compran la mayor cantidad de productos de alto precio, sino que también tienen el dinero para gastar. Ellas constituyen hoy día el cincuenta por ciento de la fuerza laboral y obtienen la mayoría de los títulos de licenciatura y de posgrado. Por primera vez en la historia, la mayoría de las mujeres con más de cincuenta años tiene sus propios fondos. Combina este poder adquisitivo individual con el hecho de que la mujer tiende a vivir un quince por ciento más que sus esposos, y pronto concluirás que el dinero va derechito a sus carteras Coach.[4]

> *«Las mujeres son la oportunidad #1 de mercadeo».*
>
> —TOM PETERS, AUTOR DE ÉXITOS EN VENTAS

Las mujeres están clamando por marcas que entiendan sus necesidades y que hagan que el proceso de compra sea agradable. Muchos vendedores y compañías no lo entienden. Recientemente una abogada se quejaba por la compra de su Suburban traga-gasolina, en la que ya ha recorrido 183,000 millas con sus tres hijos a cuestas. «Ya puedo costear la compra de un auto nuevo», confesó, «pero estoy decidida a manejar este hasta que se caiga en pedazos sólo para evitar la horrible experiencia de comprar uno nuevo».

Los comerciantes que puedan transformar el espanto de comprar una nueva computadora, un auto o un asesor financiero en una experiencia agradable van a cosechar enormes recompensas.

¿POR QUÉ APUNTAR A LA Y?

Aunque las estadísticas anteriores defienden la idea de que los comerciantes tienen que hacer una mejor tarea al momento de diseñar y mercadear sus servicios para atraer a las mujeres, también hay suficiente espacio para mejorar tus ventas a los hombres. Es posible que los hombres sean compradores más predecibles que las mujeres, pero de ninguna manera son una venta fácil. Y *presumir* que sabes cómo venderles a tus clientes varones puede tener consecuencias bastante dolorosas. Mientras que las mujeres tienden a dejar plantados más fácilmente a los vendedores, los hombres te pegan un grito y te disparan justo entre los ojos si no aciertas con ellos. E ignorar sus «botones» en el proceso de compra significa sacrificar entre un veinte a un cincuenta por ciento de tus clientes potenciales... algo que no tendría sentido para ninguna empresa. Vamos a discutir en breve los detalles de este tópico, pero por ahora debe quedar claro que aumentar tu resultado final también exige que entiendas la motivación de los hombres y qué provoca su conexión emocional hacia un producto o una marca. Para lograr esta hazaña tanto para X como para Y tienes que, primeramente, entender las diferencias únicas e inherentes en los cerebros femeninos y masculinos.

LA EVOLUCIÓN DEL CONSUMIDOR

Cuando el hombre primitivo vagaba por la tierra, se reunía y cazaba en pos de algo muy específico: comida. Un día de trabajo tenía el propósito de conseguir la comida del día. Los hombres y las mujeres llevaban a cabo tareas muy distintas, pero eran consideradas igual de importantes para su clan.

EL CAZADOR

Así era antes

Así es ahora

Los hombres cazaban en grupos, hacían las armas y viajaban grandes distancias desde sus casas. Vivían una existencia enfocada y peligrosa. La declaración de misión del hombre era: «¡Mata la cena antes que esta te mate a ti!» Para prosperar, los hombres necesitaban destrezas de navegación, una buena visión nocturna y de largo alcance, y un buen sentido espacial. Su fuerza y una aguda respuesta ante situaciones de intenso estrés definían a los sobrevivientes. La cacería era un ejercicio estratégico que exigía decisiones rápidas, roles y reglas específicas, y una jerarquía entre el grupo. Y también requería un absoluto silencio, sin ninguna tolerancia hacia la demostración de emociones.

¿Qué hacían las mujeres? Ellas mantenían la hoguera ardiendo, a los niños alejados del fuego, protegían el campamento de serpientes y otros predadores, se mantenían pendiente a los truenos a la distancia y cuidaban a los enfermos. Como no había herramientas para convertir los alimentos en puré, cada niño era amamantado por cuatro años, hasta que él o ella tuviera los dientes y el sistema digestivo para tolerar la dieta de jabalí fresco, nueces y baya. Nuestras antepasadas recolectoras hacían vestimenta de piel de animales, organizaban la sociedad y buscaban la comida para cada día. Almacenaban alimentos para el invierno o para las frecuentes ocasiones en las que los hombres regresaban sin haber cazado nada. Los antropólogos estiman que las mujeres proveían por lo menos la mitad del alimento de sus tribus. Y en esa era carente de explicaciones científicas, la mujer tenía la exaltada posición de ser la mística creadora de la vida.

¿Cuáles eran los atributos necesarios para que una mujer asegurara la supervivencia de su tribu? Para empezar, un excelente sentido de olfato, de gusto, de audición y de visión periférica. Las mujeres negociaban y decidían muchas disputas en la tribu, por lo que tenían que ser capaces de ponderar muchos asuntos. Mientras que los hombres necesitaban una energía rápida y explosiva, las mujeres necesitaban resistencia para soportar los largos días y las noches interrumpidas por los bebés lactantes. El hombre-cazador se concentraba en la caza de ese día; la mujer-recolectora tenía que planificar para un plazo más largo y fue la reina original de llevar a cabo multitareas. Este estilo de vida nómada —siguiendo la fuente de alimento de una temporada a otra— continuó por cientos de miles de años.

LA RECOLECTORA

Así era antes

Así es ahora

Y por ahí viene María

Con la década de los sesenta llegaron más cambios a Estados Unidos de América que todos los experimentados por cualquier otra generación. El surgimiento de la tecnología coincidió con el movimiento de los derechos civiles, la Guerra de Vietnam, la revolución sexual y el feminismo. La aprobación de la FDA (Administración de Drogas y Alimentos de los Estados Unidos, por sus siglas en inglés) de la «píldora» en 1960 y la Ley de Igualdad de Salario de 1963 fueron catalizadores que impulsaron a la mujer a adentrarse en profesiones «masculinas».

En Estados Unidos y en algunos otros países hoy día, los hombres y las mujeres tienen una educación comparable y oportunidades relativamente iguales. Y por primera vez en la historia, estamos compitiendo por los mismos trabajos. Sin embargo, llegamos a esas posiciones con perspectivas diferentes y destrezas innatas e inherentes en nuestro cerebro que definen mucho de lo que somos. Sólo entendiendo las diferencias básicas podremos desatar el poder económico de la diversidad de los géneros.

LOS GENES DEL DISEÑADOR

Hemos progresado mucho desde fines del siglo veinte, cuando los primeros estudiosos del cerebro pensaban que una circunferencia craneal menor de cincuenta y dos centímetros indicaba la carencia de rendimiento intelectual. Hoy día sabemos que las diferencias estructurales del cerebro, según el género, que dotan a los hombres y a las mujeres con habilidades innatas están determinadas no por el tamaño del cerebro sino por la eficiencia y conectividad del cerebro, y la intensidad durante las actividades.

> *«No necesitamos preguntar por la circunferencia craneal de las mujeres con talento natural —ellas no existen».*
>
> —BAYERTHAL, 1911

Por ejemplo, en términos generales, el cerebro de un hombre es como un archivo de oficina. Todo tiene un expediente. El trabajo tiene un expediente, la esposa tiene un expediente, los hijos tienen un expediente, el golf tiene un expediente, las herramientas tienen un expediente (y a veces es bastante grande). He aquí la primera y más importante regla para un hombre: *los expedientes nunca se tocan.* Cuando un hombre contempla su futuro financiero, con el enfoque de un láser, saca cuidadosamente el expediente «dinero», lo revisa metódicamente y lo regresa a su lugar sin mover ningún otro expediente. Un hombre se concentra en la tarea del momento. Él tiene unas regiones cerebrales muy específicas y altamente desarrolladas ubicadas en el hemisferio derecho, que es el más grande de los dos en el cerebro masculino y la fuente del razonamiento espacial. Dependiendo de su enfoque del momento, por lo general usa el hemisferio derecho o el izquierdo —pero no los dos simultáneamente. Como resultado, la estructura del cerebro del hombre le permite separar sus emociones de un problema, actuar rápidamente y pasar a la próxima actividad específica.

Visualiza el cerebro de una mujer como una mesa grande. Sus expedientes están todos distribuidos en grupos que se tocan unos a otros. En una reunión con su asesor financiero, el esposo se sorprende un poco cuando su esposa dice: «Sí, ese es un punto válido, pero tienes que pensar en tu tía Marta y su deteriorada salud cuando evalúas nuestros próximos cinco años». El expediente «Tía Marta» de él ni siquiera está en la misma gaveta del expediente «dinero», si es que siquiera existe. El cerebro de la mujer es como un faro indagatorio —mirando, procesando y conectando todas las cosas las veinticuatro horas del día, siete días a la semana. Ruben Gur, un científico estudioso del sistema nervioso en la Universidad de Pensilvania, descubrió que, por ejemplo, un hombre puede desconectarse mentalmente y tomar siestas breves mientras mira la televisión, mientras que el cerebro de las mujeres está trabajando constantemente. Hay cerca de un quince por ciento más de flujo sanguíneo en el cerebro femenino que en el masculino, iluminando más áreas en el cerebro de la mujer que en el del hombre en cualquier momento determinado.[5]

La primera y más importante regla para la mujer es que *cada expediente en el cerebro femenino se relaciona con todos los demás expedientes.*

En el cerebro de la mujer, el hemisferio izquierdo tiene un once por ciento más de neuronas para destrezas del lenguaje que lo que tiene el hombre.[6] El cuerpo calloso —el cual conecta y facilita la comunicación entre los dos hemisferios cerebrales— es veintitrés por ciento más grande en la mujer, en relación con el tamaño del cerebro.[7] Esta fuerte conexión es considerada como la explicación lógica para los intensificados sentidos de las mujeres, su concienciación social y su habilidad para conectar entre sí expedientes aparentemente aleatorios.

No parece justo, pero a medida que envejecemos, nuestro cerebro se achica notablemente en áreas donde siempre hemos sido poco diestros. Los hombres pierden su tejido cerebral en los lóbulos frontal y temporal —las áreas asociadas con el sentimiento y el pensamiento. A los cincuenta años, los hombres también pierden hasta un veinte por ciento de sus neuronas en el cuerpo calloso, la región que provee conexión entre los dos hemisferios. Las mujeres pierden tejido cerebral más tarde en el proceso de envejecimiento, pero lo pierden donde ya, de entrada, experimentan los mayores desafíos: en el área viso-espacial.[8] Esto explica por qué la abuela tiene problemas para recordar dónde estacionó el coche en el supermercado, mientras que el abuelo se vuelve más irritable y menos expresivo con el vendedor. (Observa la gráfica siguiente para un desglose de las diferencias fundamentales que recién discutimos.)

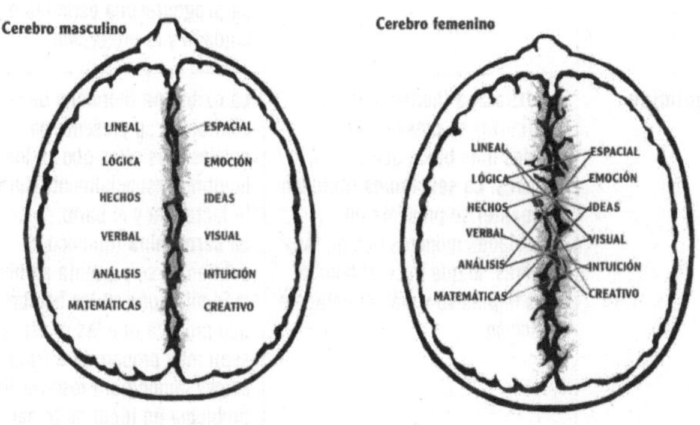

	Estructura cerebral de los hombres	Estructura cerebral de las mujeres
Comparativo	**El hemisferio derecho** es más grande que el izquierdo. Los hombres usan el hemisferio derecho *o* el izquierdo durante una actividad específica.	**El hemisferio izquierdo** más grande que el derecho. Las mujeres usan ambos hemisferios para muchas actividades.

Úsalo o piérdelo	**El hemisferio izquierdo** se achica notablemente con la edad, y lo más seguro es que causa irritabilidad y otros cambios en la personalidad.	**El hemisferio izquierdo** se achica muy poco con la edad. Es probable perder tejido en áreas relativas a la memoria y al campo viso-espacial, lo que provoca dificultad para recordar y desplazarse. Se achica temporalmente con el embarazo.
Cuerpo Calloso (*«mecanismo de conexión»* **— lo que conecta los hemisferios)**	Menos denso (menos neuronas con relación al tamaño del cerebro); se achica en un veinte por ciento adicional a la edad de cincuenta años.	Veintitrés por ciento más grueso (más neuronas) con relación al tamaño del cerebro; no se achica al envejecer.
Hipotálamo (*el «termostato»*)	Opera en el principio de retroalimentación negativa para mantener constancia en la emoción.	Opera en el principio de retroalimentación positiva, lo que aumenta los altibajos emocionales.
Hormonas rugientes	**La testosterona** estimula la agresión, la autosuficiencia y la necesidad de sexo.	**El estrógeno** estimula satisfacción, la intensificación de los sentidos y la memoria. **La progesterona** estimula el cuidado y la protección.
Cóctel químico	**La oxitocina** (hormona de la confianza) se presenta en niveles más bajos que en las mujeres. **La serotonina** (químico calmante) se presenta en cantidades menores que en las mujeres, lo que hace al hombre más impulsivo y más orientado a la acción.	**La oxitocina** (hormona de la confianza) se presenta en niveles más altos que en los hombres, especialmente durante la lactancia y el parto. **La serotonina** (químico calmante) se presenta en niveles más altos que en los hombres, lo que provoca que las mujeres sean más propensas a tratar la conversación para resolver un problema en lugar de tomar acciones drásticas.
Piensa en el cerebro como...	**Un archivo de oficina:** altamente compartimentado, contenido, eficiente y enfocado. Habilidad para desconectarse; 70% menos actividad durante el descanso.	**Una mesa grande:** cada expediente está distribuido y toca a los demás. Siempre activa; sólo 10% menos actividad durante el descanso.

¿Acaso un libro de negocios es el lugar apropiado para discutir el tema de hormonas rugientes? ¡Por supuesto! Conocer las diferencias en la arquitectura y en los químicos que alimentan nuestros cerebros nos arma con una nueva interpretación sobre cómo los hombres y las mujeres varían naturalmente en sus percepciones y acciones como consumidores.

La testosterona está asociada con la agresión, la competencia, la autosuficiencia, la confianza en sí mismo y la urgencia sexual. Los hombres tienen veinte veces más testosterona que las mujeres, y experimentan de seis a siete subidas de testosterona al día. Durante la mañana, cuando el incremento de testosterona es mayor, los hombres están más alertas, son más competitivos y creativos, y tienen un desempeño más alto, en términos generales, en exámenes de matemáticas y espaciales. Sus destrezas verbales y de redacción son mejores más tarde durante el día ya que los niveles de testosterona bajan hasta en un veinticinco por ciento. Si quieres cerrar un trato o negociar el contrato del próximo año con un hombre, programa las reuniones para avanzada la tarde o temprano en la noche, cuando está menos agresivo.[9]

Los niveles de estrógeno y progesterona cambian en un ciclo mensual desde el momento en que una mujer alcanza la pubertad hasta que llega a la menopausia. Se acredita al estrógeno por hacer que el cerebro esté más alerta, por la intensificación de los sentidos, el aumento en la absorción de información y la sensación general de satisfacción. La progesterona libera sentimientos de cuidado y protección, y tiene un efecto calmante en el cerebro. Puedes esperar que tal vez tome más tiempo completar la venta con una mujer mientras ella evalúa todas las maneras en las que esta compra afectará su vida o su negocio.

Según disminuyen los niveles de hormonas con la edad, los hombres y las mujeres se van pareciendo más. Tal vez esto explica por qué la mayoría de las parejas que sobreviven más allá de su cuadragésimo aniversario parecen estar tan felices. Comenzando a la edad de cuarenta años, el nivel de testosterona del hombre disminuye un por ciento cada año. Esto explica por qué los hombres se vuelven más tranquilos con la edad. Muchos nuevos abuelos sorprenden a sus hijos adultos, quienes a duras penas reconocen a ese hombre tan atento, al compararlo con el padre distante y adicto al trabajo que los crió a ellos. La reducción en los niveles de testosterona, en lugar de reconocer lo que se perdieron la primera vez, usualmente es responsable por una conducta mucho más afectuosa. ¿Crees que le puedes vender a un jubilado lo mismo que le venderías a un ejecutivo en sus cuarenta? Piénsalo otra vez. El jubilado podría recriminarte por el mismo acercamiento de línea dura que usaste exitosamente la semana pasada con un vicepresidente de mercadeo más joven.

Mientras que los hombres se vuelven más afectuosos con la edad, las mujeres frecuentemente se vuelven más enfocadas, dinámicas y seguras de sí mismas puesto que la disminución en los niveles de estrógeno revelan sus niveles naturales de testosterona. Para cuando termina el proceso de la menopausia, el nivel de estrógeno de una mujer cae en picada hasta llegar a una décima parte de su nivel anterior —tan bajo, que un hombre, a cualquier edad, producirá niveles de estrógeno más altos que una mujer posmenopáusica. Esto se confirma en estadísticas que demuestran un creciente porcentaje de mujeres mayor es de cincuenta años entrando a la fuerza laboral mientras que la participación en el mercado de empleos para hombres de la misma edad está disminuyendo.[10] Cuando le quieres vender a una mujer cuyos hijos ya no están en casa, ten en mente que debes llegar al grano más rápido que lo que fuiste con aquella inquisitiva nueva mamá el mes pasado. Con sus niveles más bajos de estrógeno, tu cliente potencial posmenopáusica apreciaría un acercamiento más directo y al grano.

Aquí se sirven cócteles químicos

Durante cada momento que estamos despiertos somos bombardeados con insumos sensoriales, y nuestros cerebros responden con dosis de hormonas, mezcladas especialmente para la ocasión y para cada género. Mientras te preparas para mercadear o venderle a él o a ella, debes considerar los cócteles por los cuales cada uno está influenciado.

La oxitocina es la hormona de la confianza. Con frecuencia llamada la «hormona de los mimos», alivia el miedo al contacto cercano y a la traición. El cerebro femenino siempre secreta más oxitocina que el masculino, pero durante el parto y la lactancia los niveles se disparan. Los estudios han demostrado que si se inhala oxitocina a través de las fosas nasales, tanto los hombres como las mujeres se vuelven más confiados e invertirán más dinero que aquellos que recibieron placebo en el atomizador nasal. Pero olvida los sueños de añadir oxitocina al sistema de calefacción, ventilación y aire acondicionado en tu oficina de bolsa de valores, sala de exhibición o tienda de departamentos; esto sólo funciona en forma de atomizador nasal. No obstante, existe otra manera de incrementar los niveles de oxitocina: a través del toque humano. Los estudios demuestran que un masaje de quince minutos causa niveles elevados de oxitocina. Salvo que contrates a una masajista para que dé masajes en el cuello en tu sala de espera, también puedes aumentar la conexión, y eventualmente la confianza, tocando a tu cliente en el brazo. Obviamente, el momento y las circunstancias deben ser apropiadas para esto; si lo son, un toque benigno puede cerrar significativamente la brecha a la confianza.

La serotonina tranquiliza el alma y calma la mente. Los hombres tienen menos serotonina que las mujeres. Por esto es más probable que un hombre exhiba una conducta impulsiva durante una negociación acalorada —y pegue duro con el puño o salga de la sala abruptamente. Con unos niveles de serotonina más altos, las mujeres son más propensas a la conversación para resolver situaciones estresantes antes de que tengan que hacer algo drástico.

Entender a tus consumidores y a tus clientes potenciales de ambos géneros te capacita grandemente. Sentirás una mayor empatía hacia lo que motiva sus decisiones —sus procesos innatos— para llegar así a una conclusión y a la manera en que ellos y ellas quieren que te comuniques. Estas destrezas no sólo te darán la habilidad para vender más productos y servicios, sino también para ser un mejor amigo y colega para ambos géneros. Para explorar más a fondo sobre las diferencias entre los géneros, continúa leyendo.

2

BUYOSCIENCE: LA CIENCIA DETRÁS DE LAS COMPRAS

En la búsqueda de los «botones» que provocan que él y ella compren.

Sam tenía cerca de treinta años, era brillante, guapo y uno de los vendedores más tenaces y exitosos en su compañía. Pero el día en que lo conocí, Sam estaba furioso. Él y su equipo de ventas habían trabajado por más de un año para obtener el contrato para los servicios de *network* de una compañía Fortune 100. «Sencillamente no lo entiendo», Sam se desahogó conmigo. «Conocemos a esta compañía al revés y al derecho. Investigamos todas sus opciones. Dimos en el blanco con nuestra presentación. Usamos una brillante presentación PowerPoint con gráficas que les demostraban cómo nuestras aplicaciones les ahorrarían millones de dólares a la compañía. Y ellos escogieron a nuestro competidor, quien no posee nuestras capacidades ni tiene la mejor reputación por el servicio que ofrecen. *¿Qué rayos están pensando?*»

¿Te imaginas si tuvieras el poder para contestar esta pregunta? Sólo piénsalo por un momento... ¿Qué tal si pudieras echar un vistazo dentro de las cabezas de tus clientes, tus clientes potenciales, tus empleados, tu cónyuge, y —Dios te libre— hasta la de tu hijo adolescente? ¿Qué pasaría si pudieras dar una mirada dentro de sus mentes para contestar quizás la más desconcertante pregunta de todas: ¿qué diantre están *pensando*?

Pues bien, sí puedes.

Como vendedor o comerciante, le estás pidiendo constantemente a tu cliente potencial que tome decisiones: le pides que decida fijarse en tu producto, que decida concederte el tiempo en su calendario, que decida divulgar información crítica, que decida comprar, que decida convertirse en un cliente asiduo en lugar de comprar sólo una vez, y luego que decida referir tus servicios al siguiente cliente. Así que, ya seas el muchacho que se encarga de escribir el texto para un anuncio o la chica que presenta la solución de $17.5 millones al director ejecutivo, si entiendes el proceso cerebral para la toma de decisiones, puedes saber con un buen grado de certeza qué está pensando tu cliente o ese cliente potencial.

CIENCIA DEL CEREBRO PARA IGNORANTES

En las décadas de los setenta y los ochenta, la Pepsi llevó a cabo unas pruebas de sabor con los ojos vendados, y les pedían a los participantes que escogieran entre Pepsi y Coca-Cola, en lo que llegó a ser una de las campañas publicitarias televisivas más recordadas: el «Reto Pepsi». Pepsi superó a la Coca-Cola sin ninguna dificultad.

Entonces, ¿por qué la Coca-Cola sigue superando en ventas a la Pepsi veinticinco años más tarde? Esta es la pregunta que Read Montague, un neurólogo en la Escuela de Medicina Baylor, quería responder en el 2003. Montague recreó el reto Pepsi con un par de cambios. Primero, observó la actividad cerebral de sus sujetos con un aparato fMRI (Exploración de Resonancia Magnética Funcional, por sus siglas en inglés), el cual mide el fluir de la sangre mientras transporta glucosa —el combustible del cerebro— a sus cerebros. Sin saber si habían probado Pepsi o Coca-Cola, cerca de la mitad dijo que preferían Pepsi. Durante la segunda prueba, Montague les dijo a los participantes que estaban tomando Pepsi o Coca-Cola, y tres cuartas partes de ellos dijeron que la Coca-Cola tenía mejor sabor. Y con su diferencia en selección, también hubo una actividad cerebral distinta. La Coca-Cola «encendió» la corteza frontal medial —una parte del cerebro que controla el pensamiento más elevado.[1]

Montague razonó que cuando se les dijo que la bebida era Coca-Cola, los participantes recordaron imágenes y pensamientos de anuncios publicitarios —y la marca Coca-Cola fanfarroneó sabor. Entonces, ¿acaso el cerebro humano provee una explicación racional sobre por qué la gente toma decisiones aparentemente irracionales?

Este libro trata sobre las diferencias entre el cerebro femenino y el masculino, y cómo entender esas diferencias es crucial para el éxito en tus ventas. Pero, antes de sumergirnos profundo en las sutilezas del género, echemos un vistazo dentro del cerebro para entender su función. Una vez entiendas, será fácil que recuerdes las diferencias.

Con un peso aproximado de tres libras, tu cerebro conforma menos del dos por ciento del peso total de tu cuerpo. Pero quema el veinte por ciento de tus calorías. Siendo este el caso, el más importante descubrimiento de los científicos todavía está por verse: cómo quedarte todo el día sentado sobre tu trasero, comer chocolates y aún así perder peso.

Tu cerebro viene equipado con cien mil millones de neuronas, o células nerviosas. Tienes más neuronas en esta pequeña área que las estrellas que hay en el universo. Estas neuronas están en posición de atención en un estado hiperactivo para recibir nueva información. Si tu cerebro determina que algo es importante, llama a tus cien billones de sinapsis —uniones especializadas que conectan a las neuronas. Piensa en las primeras operadoras telefónicas enchufando manualmente un cable para conectar a los interlocutores; esto es lo que hacen tus sinapsis. Esta conexión provoca que las neuronas se disparen a la vez y luego se conecten a la vez. Y esto es lo que crea una memoria o recuerdo.

Tu cerebro es un complejo sistema de conexiones de memoria basado en tus experiencias individuales. Y la inteligencia es en realidad la habilidad para predecir el futuro por medio de una analogía con el pasado. Digamos que suena tu teléfono celular. Por pasadas experiencias, sabes que alguien está intentando comunicarse contigo. Miras el identificador de llamadas y compruebas que es tu suegra. Predices que esta va a ser una conversación prolongada.

A pesar de que podrías discutir este punto en cualquier día de la semana, todos los seres humanos se han ganado la lotería del cerebro. Cada uno de nosotros no tiene un cerebro, sino tres —uno encima del otro.

EL CEREBRO REPTIL

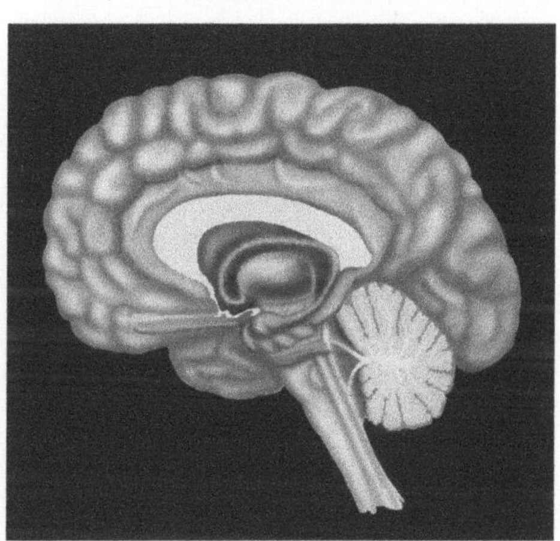

Según la teoría del cerebro triple de Paul MacLean, oculto en lo profundo de la parte posterior de tu cerebro se sitúa tu cerebro primitivo. También se le llama el *cerebro reptil* porque las serpientes y los lagartos sólo tienen esta parte del cerebro. Sin embargo, primitivo no quiere decir sin importancia. De hecho, tu cerebro reptil es muy importante porque se preocupa únicamente por tu supervivencia. Controla los latidos de tu corazón, y se asegura de que tomes tu próximo respiro. También es responsable por el hambre, el miedo y la atracción sexual, y determina si atacas o huyes cuando estás en peligro. Tu cerebro reptil filtra cada estímulo con estas tres preguntas: (1) ¿Es peligroso? (2) ¿Puedo comerlo? (3) ¿Puedo procrear con eso? Y si la respuesta es no, tu cerebro primitivo no le hace caso.

EL CEREBRO MAMÍFERO

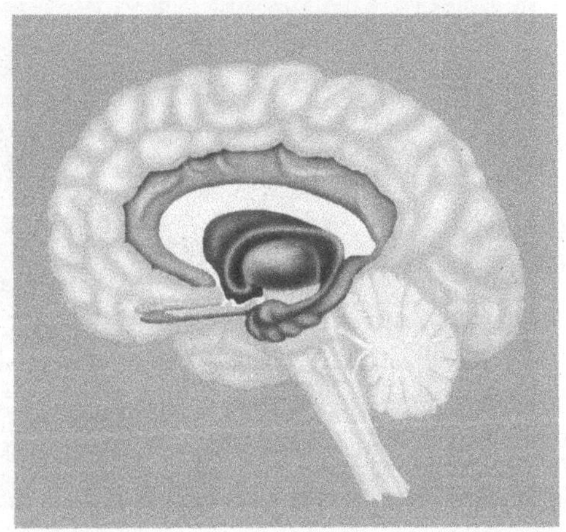

El segundo cerebro es uno que compartimos con los animales, llamado el *cerebro mamífero*. También se le conoce como el *sistema límbico* porque parece una extremidad que sobresale de tu cerebro reptil. El sistema límbico controla emociones complejas como el amor, el odio, la compasión, la envidia, la esperanza y el desprecio. Cualquiera que tenga un perro sabe que, sin duda, los mamíferos están dotados emocionalmente. Nuestro cerebro mamífero se expresa estrictamente por medio de sentimientos. Cuando hablas acerca de alcanzar el corazón de alguien o de tener un mal presentimiento, estás hablando de tu cerebro mamífero. Él escanea al mundo con una pregunta principal: ¿cómo me hace sentir esto? Un estímulo tiene que evocar sentimientos para que tu sistema límbico entre en acción.

EL CEREBRO EJECUTIVO

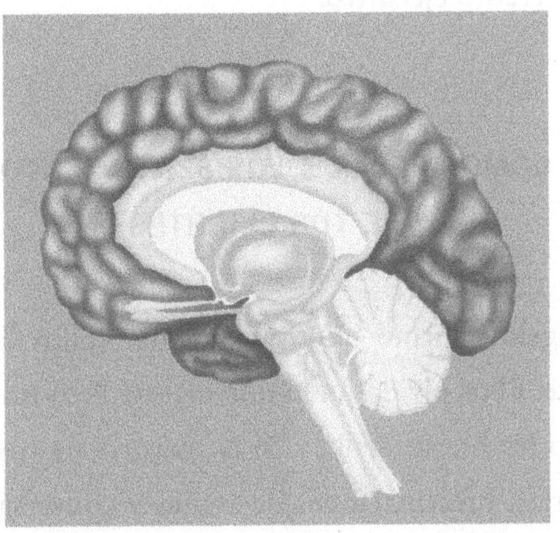

El tercer cerebro es el neocórtex (literalmente, «nueva» corteza) —también llamado el *cerebro ejecutivo*. Este es el que nos hace seres humanos. Justo encima del sistema límbico, el cerebro ejecutivo es donde ocurre todo el razonamiento abstracto, la planificación a largo plazo, el procesamiento de palabras, símbolos, hechos, lógica, y la causa y el efecto. El cerebro ejecutivo filtra el mundo racionalmente.

Una vez tu cerebro reptil y el mamífero han descartado la información como algo sin importancia —por ejemplo, no me va a lastimar, no me lo puedo comer, no me va a ayudar a producir descendencia o no me hacer sentir nada significativo— tu cerebro ejecutivo trata con los sobrantes. Esta no es la parte del cerebro a la cual quieres tener que atraer. El cerebro ejecutivo es un órgano muy difícil de convencer. Lamentablemente, la mayoría de los esfuerzos de ventas y de mercadeo son lanzados y se van a pique en el plano del riguroso cerebro ejecutivo.

CÓMO APELAR A LOS SENTIMIENTOS DE TUS CLIENTES

Maya Angelou afirmó muy sabiamente: «Ellos olvidarán lo que dijiste. Ellos olvidarán lo que hiciste. Pero nunca olvidarán cómo les hiciste sentir». Si la mayoría de tus campañas publicitarias, presentaciones de ventas y conversaciones con clientes potenciales ofrece datos, cifras y argumentos lógicos en una meticulosa presentación PowerPoint, tengo malas noticias para ti: tú y tus productos son altamente olvidables. Sea femenino o masculino, tu cerebro ejecutivo y lógico es difícil de despertar —y tú no quieres poner en juego tu éxito en ese plano del cerebro de las personas.

Hay dos razones simples que explican por qué es difícil captar la atención del cerebro ejecutivo: (1) el cerebro reptil, y (2) el cerebro mamífero. Nuestros cerebros están cableados para primero tener la tendencia al acto de la *supervivencia* (la función del cerebro reptil) y segundo, actuar para *sentirse bien* (el dominio del cerebro mamífero). Procesar datos, números y lógica, para luego usar la moderación, es una tarea tediosa. Nuestros cerebros primero tienen que lidiar con la supervivencia y el bienestar antes de que podamos meternos en las cosas estimulantes.

Imagina por un minuto que estás otra vez en tercer grado de primaria, y estás aprendiendo las tablas de multiplicación. Durante meses tu maestra te estuvo presentando aquellas tarjetas: 7x6, 7x7, 7x8. Y luego, finalmente un día, puedes responder correctamente a toda la secuencia. Entonces la maestra pregunta: «¿Y cuánto es 8x7?» y tú respondes con un «¿ah?»

Esta técnica de enseñanza se conoce como *aprendizaje espaciado y repetitivo*. Las maestras con frecuencia recurren a este método cuando un tópico no tiene nada cautivante, nada que realmente pueda despertar nuestros intereses reptiles o mamíferos. Usar el aprendizaje espaciado y repetitivo como tu única técnica puede ser un trabajo tedioso.

Ahora bien, examina detenidamente tu campaña publicitaria, tu plan de relaciones públicas y tu próxima presentación de ventas importante. ¿Estás tratando de cautivar la atención de un cliente potencial o de cerrar las ventas importantes con números, nuevos argumentos e ingeniosas gráficas? ¿Acaso te estás pareciendo a las tablas de multiplicación —usando los mensajes espaciados y repetitivos con la esperanza de que si ellos escuchan tu nombre y tu producto una y otra vez, finalmente te van a recordar? Usa esa estrategia y a la larga no serás más memorable que la tinta en una tarjeta.

El resto de los capítulos en este libro explicarán las sutilezas de conectarse con los hombres y establecer un vínculo con las mujeres apelando a las emociones. Pero primero, ahora que hemos explorado cómo se parecen los hombres y las mujeres al procesar sus decisiones, miremos cómo se diferencian. Y en la mayoría de los casos, son muy distintos.

Tras una solución

Antes de 1992, manejaba coches marca Volkswagen. Mi apaleado «escarabajo» de 1968 me llevó de un lado para otro durante la universidad y la escuela de posgrado, y mi primer coche nuevo fue un VW Cabriolet color blanco. Cuando ya tenía ocho años dentro de la fuerza laboral, decidí que ya era tiempo para mi primer coche de «adulto».

Intimidada por el pensamiento de tener que analizar el motor y ser estafada por un vendedor de coches, recluté a mi esposo, Phil, para que me acompañara. Cuando llegamos al concesionario BMW, le expliqué a Peter —el vendedor— que *yo* iba a comprar el coche. Luego le expliqué que quería trasladarme cómodamente todos los días a mi trabajo, y que el coche necesitaba ser lo suficientemente espacioso y lujoso para transportar a clientes foráneos cuando fuera necesario.

Peter y Phil abrieron inmediatamente el capó de un

hermoso 325i azul marino, y expusieron el esplendor de los caballos de fuerza, la potencia del motor y los cilindros. La mente de ingeniero de Phil quedó encantada con el diseño superior del motor del BMW.

Aburrida hasta la muerte, abrí la puerta del conductor para examinar el interior. El tapiz de cuero marrón claro se veía suntuoso y suave, la veta de la madera resplandecía en el tablero de instrumentos, y me imaginé a John Taylor dándome una serenata todas las noches, de camino a casa, a través del sistema de sonido Bose.

Durante la prueba de manejo, el BMW se comportó impecablemente. De hecho, fue divertido manejarlo. Phil se volteó hacia mí y exclamó: «¡Podríamos manejar este coche en una súper carretera!» Me sonreí y pensé: *Estoy segura que lo haremos frecuentemente.*

Regresamos al concesionario, y Phil y Peter comenzaron a negociar en serio. Antes de que las cosas llegaran demasiado lejos, interrumpí su diversión. «Peter», dije, «¿dónde está el portavasos?»

Peter contestó con un tono de indignación: «El BMW es la máxima máquina en la carretera. No es un restaurante».

Peter se volteó y se dirigió a su oficina, y luego regresó con un portavasos plástico color azul que enganchó en la base de la ventana del panel de la puerta del lado del conductor. «Si es indispensable», estalló, «ahí está su portavasos».

Luego de visualizar los charcos de café y Coca-Cola dietética que terminarían con frecuencia en mi vestido durante mi vida como propietaria de ese coche, le dije a Phil: «Anda, vamos al concesionario Lexus». Poco tiempo después, compré un Lexus... con dos portavasos integrados, muchas gracias. Entonces, por los siguientes diez años, Phil se refería a mi coche como el «portavasos de $30,000».

Los hombres establecen prioridades y analizan

La existencia enfocada del cazador preparó al hombre moderno para tener habilidades agudas de concentración en un objetivo único. Cuando van de compras, los hombres establecen prioridades entre las opciones y luego analizan las características.

Los hombres fácilmente ignoran los detalles y los estímulos externos que ellos no consideran pertinentes a la decisión de compra. Ellos canalizan su pensamiento y actividad para alcanzar una solución, preferiblemente en su espacio silencioso con un letrero visible que dice: «No molestar». Recuerda, el cerebro del hombre es un archivo de oficina: él toma el expediente pertinente, lo analiza en su mente, y luego soluciona el problema. La Dra. Helen Fisher, de la Universidad Rutgers, llama a esto «pensamiento por pasos».[2] Como demuestra mi relato sobre el BMW, así no es como las mujeres tomamos una decisión.

Las mujeres maximizan y sintetizan

A lo largo de la historia, la descripción de trabajo de una mujer ha requerido que lleve a cabo tareas simultáneas, y las mujeres modernas han heredado un cerebro que no sólo está diseñado para el procesamiento múltiple, sino que lo *prefieren*.

Las mujeres toman sus decisiones de compras incluyendo todas las maneras en las que el producto va a afectar su vida y luego sintetizan esa información para encontrar la solución perfecta. Si el cerebro de un hombre es como un archivo de oficina, no olvides que el de la mujer parece una mesa grande. Ella mira con cuidado el surtido de información apilado en esa magnífica mesa de trabajo que tiene por cerebro y sintetiza el efecto de ese producto sobre todos los expedientes de su vida. La Dra. Fisher se refiere a esto como «pensamiento en red».[3]

Durante nuestra visita al concesionario BMW, Phil se enfocó únicamente en la experiencia de manejo. Yo, sin embargo, pensé en todas las otras experiencias que encontraría al manejar. Esta es precisamente la razón por la que la máxima máquina en la carretera no cumpliría las necesidades de mis viajes diarios sin un portavasos integrado.

DECISIONES, DECISIONES

	Hombre	Mujer
Estilo	Piensa de manera independiente, preferiblemente en un lugar silencioso, y luego provee una solución.	Piensa en voz alta, cavila sobre todas las posibilidades, busca la opinión de otros.
	Piensa en pasos lineales, elimina todo lo que percibe como información no esencial.	Piensa en forma de «telarañas», reúne y conecta más datos, y sintetiza el efecto del producto en todos los aspectos de la vida.
Le hace caso a...	Las dos o tres prioridades principales.	Las muchas maneras en que esta decisión impactará su vida y su nido.
Enfócate en...	Sus preocupaciones principales.	Atender completamente todas las objeciones, si es que no puedes calmar todas sus preocupaciones. Supera todo lo que puede ser mitigado. Sé sincero sobre aquello que no puedes resolver, y provee una solución para minimizar los efectos negativos. Nunca descartes una objeción como algo trivial. Las mujeres desprecian el rechazo.

Pros	Él irá al grano y tomará acción si sus objeciones son atendidas adecuadamente.	Ella te dirá específicamente cómo va a usar tu producto. Es posible que identifique beneficios en los que nunca antes has pensado.
Contra	Tal vez no exprese todas sus objeciones.	Su ciclo de compra puede ser más largo debido a todas las áreas de su vida en las que tu producto tendrá impacto.

PONGAMOS LA CIENCIA EN PRÁCTICA

X: Para convencer a una mujer de que compre, cavila en voz alta con ella. Sé flexible y está dispuesto a considerar todas las formas posibles en las cuales el producto afectará la vida de ella. Con frecuencia ella te dirá los beneficios que percibe, y es a esos a los cuales puedes hablarle. También expresará sus preocupaciones y debes atenderlas sinceramente. Si ella menciona preocupaciones que no puedes aliviar legítimamente, ofrece soluciones para reducir los efectos negativos. Sin importar lo que hagas, no descartes ni una sola preocupación. Ignora una de ellas y con mucha probabilidad ella te ignorará a ti. Y siempre que sea posible, involucra a todas sus «redes» en el proceso de toma de decisiones. Su decisión no está tan bien definida como la de su contraparte masculina. Ella está considerando su experiencia como un todo, y cómo tu producto o servicio lo hará mejor, más fácil o más bonito.

Y: Para convencer a un hombre de que compre, tienes que hablar directamente a sus prioridades más importantes. Si bien existen varias estrategias para tratar de manipular esta información de tus clientes potenciales masculinos, sales mucho mejor si sencillamente les preguntas: «¿Cuáles son tus tres prioridades principales?» Luego, escucha lo que te dice y ajusta tu presentación de acuerdo con su respuesta. Para atender sus objeciones efectivamente, no hables a favor de las características y beneficios que no son prioridades para él. A él no le importan y no van a ayudarte a cerrar el trato. Mencionarlas puede hasta echar a perder toda la gestión. Lo que le dice es: «Tú no estás hablando mi idioma». Una vez has hecho tu planteamiento efectivamente, dale espacio para que piense y llegue a una conclusión. Esto no aplica tangiblemente si estás *mercadeando* a la mitad masculina, puesto que no estás físicamente en su presencia, pero si estás en una situación de *ventas* y sentado en una oficina o sala de juntas, sal por unos minutos. O quizás hasta mucho mejor, ofrécele un lugar neutral sólo para sentarse, pensar y concluir. Tal vez toda oficina de ventas que esté dirigida, por lo menos en parte, a una base de clientes masculina debe tener un salón de toma de decisiones seguro, con decoraciones masculinas, bebidas y una linda vista.

3

IMPULSOS DIFERENTES

Para él es la búsqueda; para ella es el nido.

A mediados de la década de los noventa, la Cadillac se percató de que las mujeres estaban comprando coches de lujo. Para capturar a este mercado emergente, lanzaron una campaña publicitaria durante la final de fútbol americano de 1996. Pensando que lo que funcionaba para él debía funcionar para ella, modificaron la historia de búsqueda de un héroe. El anuncio comenzaba con «Había una vez una princesa...», mientras que Cindy Crawford, vestida de cuero negro, atravesaba la pantalla en un nuevo Cadillac Catera.

¿Qué estaban pensando los creadores de esta campaña? Seguro creyeron que el anuncio apelaría a las mujeres a través del «poder de la fantasía». La publicidad probablemente apeló a las fantasías de los hombres más que a las mujeres. Pero el resultado final fue que no vendió coches.

En el capítulo 2 descubrimos que aunque nuestros cerebros están diseñados para ayudarnos a predecir el futuro según lo que hemos aprendido en el pasado, los hombres usan el pensamiento por pasos y las mujeres el pensamiento en red para llegar a una solución. En este capítulo exploramos la motivación —qué impulsa a los hombres, qué impulsa a las mujeres— y cómo entender estos impulsos puede aumentar tu rentabilidad y acelerar el proceso de toma de decisiones tanto para los hombres como las mujeres.

He aquí los motivos generales para tener en mente según avanzamos en este capítulo.

- Para él, todo está en la búsqueda en lo que se refiere a comprar.
- Para ella, todo está en el nido en lo que se refiere a comprar.
- Los hombres valoran y por consiguiente, están motivados por el respeto.
- Las mujeres valoran y por consiguiente, están motivadas por la autoestima.
- Él ansía el riesgo.
- Ella calcula el riesgo.

PARA ÉL, TODO ESTÁ EN LA BÚSQUEDA

Los hombres se sienten atraídos hacia la publicidad, los productos y las soluciones que cuentan la tradicional historia del héroe: un hombre independiente con una herramienta de precisión supera el reto y hace del mundo un lugar mejor. Esa herramienta puede ser un coche de rendimiento máximo, una tarjeta de crédito, un plan financiero, una taladradora mecánica, un software de computadora, una solución empresarial o un trabajo. A lo largo de la historia, los hombres han conquistado nuevas fronteras. Su reto, su propósito y su gloria siempre han estado enfocados en el mundo o —más recientemente— en el espacio. La autoestima viene de la conquista del medio ambiente en el que vive.

La campaña publicitaria de la BMW Serie 6 habla al cerebro mamífero masculino, el sistema límbico emocional. La campaña afirma que esta potente máquina en la carretera es la mejor herramienta para hacerle frente al mundo, justo donde su autoestima es validada. El anuncio presenta a un hombre al volante de este veloz auto mientras atraviesa un puente en su búsqueda. Aun con la imagen detenida, puedes ver que se está moviendo muy rápido.

«La leyenda de la carretera», lee el anuncio. «Heredero de seis décadas de tradición de lujo refinado y desempeño perfeccionado. Estilo imponente. Precisión inigualable. Pura pasión. La Serie 6. La máxima recompensa».

Mientras que es fácil ver cómo este anuncio de la BMW habla directamente a los valores masculinos de independencia y poder, también puedes usar esta estrategia para conectarte con los valores de tus clientes varones durante una interacción de ventas en persona. Enfatiza en su habilidad para conquistar el reto actual de su negocio usando tu producto o servicio como su herramienta principal. El atractivo es que tu ofrecimiento le permite perfeccionar la ejecución de su departamento o compañía.

PARA ELLA, TODO ESTÁ EN EL NIDO

En su campaña durante la final de fútbol americano de 1996, la Cadillac asumió incorrectamente que los hombres y las mujeres compartían las mismas motivaciones al comprar un auto lujoso. Ellos creían que las mujeres independientemente adineradas valoraban sobre todo la autonomía, la conquista, la perfección y una jornada de heroína. Y erraron el blanco completamente.

Para cuando una mujer llega a los treinta años, ya ha superado la idea de la princesa de los cuentos de hadas y está exactamente en el medio de una vida de responsabilidad. Ya no está soñando con la perfección. De hecho, se ríe ante la idea de que su vida pudiera ser perfecta.

A través de la historia, las mujeres han estado mayormente preocupadas por la preparación de las próximas dos generaciones para la supervivencia. Ella tiene que organizar constantemente todos los recursos en su clan para asegurar a diario el éxito de todos. Nuestras mujeres del día moderno no pueden imaginarse treinta minutos, y mucho menos un jornada extendida, en los que nadie haya dependido de ella para la supervivencia.

En su carrera y en su vida personal, ella valora más que nada las relaciones y acredita la fortaleza de sus redes de conexión como la razón número uno para el éxito. Las mujeres compran productos y servicios que nutren sus relaciones y hacen que sus vidas sean un poco más fáciles y más relajadas.

VEO, VEO... EL MEJOR VEHÍCULO FAMILIAR. TOYOTA SIENNA.

Usado con permiso de Toyota, Inc. Todos los derechos reservados.

Diez años después del fallido intento de la Cadillac, la Toyota dio justo en el blanco. En este anuncio, el coche ni siquiera se está moviendo —está ahí parado esperando para suplir las necesidades de ella. Nota que la casa (su nido) es linda, pero ciertamente no es perfecta. En el techo hay un avión de espuma de poliestireno, los juguetes están desparramados sobre el césped y es probable que ella tenga que mover algunas bicicletas de la entrada antes de poder salir. Pero es realista. Ella puede identificarse con esta vida. El mensaje es que la Toyota Sienna funciona para la mujer que vive en esta casa. Y por lo tanto, motiva a la mujer que afirma, «Mi vida es como esa» a concluir, «la Toyota Sienna es el vehículo para mí».

Aunque muchas *minivans* ahora vienen equipadas con asientos de cuero y sistemas de sonido estéreo ambiental, nadie las clasificaría como vehículos rápidos. Sin embargo, con sus portavasos, sus lectores de DVD y puertas que se cierran automáticamente, todavía tienen excelente rendimiento. Para la mujer que está en medio de la crianza de hijos, la *minivan* es su perfecta herramienta de desempeño.

Tal vez parte de la estrategia de la Toyota es tomar en cuenta que las mujeres compran más del sesenta por ciento de todos los autos nuevos, no sólo *minivans*. Es una razón principal por la que Toyota tomó lo que la Cadillac dejó sobre el tapete. Las mujeres ven los coches y otros productos caros no como el vehículo para su búsqueda de validación sino como una herramienta integral para mantener sus nidos funcionando.

Ahora bien, déjame aclararte algo: el nido de una mujer no se refiere únicamente a su hogar, familia o hijos. Aunque ella ansía el éxito tanto como el muchacho en la oficina del lado, tu clienta potencial, quien es muy probable que tenga intereses multifacéticos, simplemente define el poder de una forma distinta. Los títulos son menos importantes que el propósito y la contribución. Tu clienta potencial está más interesada en la influencia —sobre un grupo de personas o sobre la dirección futura de su compañía— más que en una conquista independiente. Ella mide el éxito en términos de la contribución de su equipo y reconocerá a sus redes de apoyo por haberlo hecho posible. Con ella, enfatiza cómo tu solución empresarial va a impactar positivamente a su equipo, logrando que sus vidas sean más fáciles y que su propósito esté más claro.

RESPETO: LA PROPOSICIÓN DE VALOR DE ÉL

P: ¿Cuál es el único momento durante un partido de fútbol en el que los fanáticos de ambos equipos se ponen de pie para vitorear por un jugador?

R: Cuando, después de haber estado tirado en el suelo sin moverse, el jugador se levanta luego de un golpe que le hizo ver las estrellas y camina tambaleándose, por sí mismo, hacia fuera del campo de juego.

Cuando los hombres son derribados por un golpe —ya sea literal o figurativamente— ellos ven su recuperación como algo más importante que la caída. Recuperarse de un fracaso es un elemento clave para ganar respeto. Los hombres ven el fracaso como una experiencia natural de aprendizaje. Ya sea que esté definiendo su propio valor o demostrando respeto por el chico o la chica de la oficina del lado, un hombre otorgará un alto valor al hecho de levantarse luego del fracaso.

Las caídas y aparentar estar despistado son imágenes que se usan con frecuencia en anuncios de cerveza, crema de afeitar y otros comerciales dirigidos a hombres. Tide to Go, el removedor instantáneo de manchas de la Proctor and Gamble, lanzó un anuncio de treinta segundos durante la final de fútbol americano XLII. La parodia presentaba una cómica escena sobre las consecuencias de las manchas bochornosas, con una «mancha parlante» eclipsando a un hombre mientras se entrevistaba para un trabajo. Aplica Tide to Go, y el entrevistado se recupera de su bochorno y consigue el trabajo.

En una situación de ventas, debes entender que cuando un hombre objeta, se te ha dado una oportunidad para brillar. Si logras abordar el asunto con firmeza y vencer su objeción, te ganarás su respeto y estarás mucho más cerca de convencerlo para que compre.

AUTOESTIMA: EL IMPULSO INTRÍNSECO DE ELLA

Las mujeres, por otro lado, valoran y promueven la autoestima. Mientras que el respeto se gana con el paso del tiempo a través de logros o superando fracasos, las mujeres preferirían que todo el mundo se sintiera bien consigo mismo todo el tiempo. Aunque ella va a vitorear como un hombre cuando alguien se recupera de una caída, una mujer no necesita que nadie fracase —y a decir verdad, prefiere que no lo haga. Bromear sobre las metidas de pata de otros funciona para los hombres, pero «apagará» a las mujeres.

¿Puedes ganar en grande con esta diferencia aparentemente insignificante? ¡Por supuesto! Dove ciertamente lo ha hecho con su Campaña por la Belleza Real.

Lanzada por Unilever en el 2003 para expandir la marca Dove de la consagrada barra de jabón a una amplia variedad de productos de salud y belleza, Dove presentó mujeres comunes y corrientes en lugar de súper modelos para celebrar la belleza y la autoestima de todas ellas. Además de cautivar el corazón de las mujeres, la primera serie de anuncios recibió una gran cobertura de los medios, desde programas de entrevista hasta revistas para mujeres. A tal grado, de hecho, que Unilever estimó que la cobertura de los medios tuvo un valor treinta veces mayor que la publicidad pagada.[1]

Imaginándose que habían dado con algo importante, Unilever compró un espacio de publicidad de treinta segundos durante el intermedio de la final de fútbol americano XL, a un costo estimado de dos millones y medio de dólares.[2] Y este anuncio fue aún más poderoso. ¿Por qué? Ni siquiera era sobre mujeres y arrugas. No incluyó ningún producto de belleza. Presentaba a chicas adolescentes preocupadas por no ser lo suficientemente lindas debido a sus pecas, su pelo rizado, su pelo lacio, su nariz o su piel. Y tocó una fibra muy sensible en las mujeres porque ellas recuerdan dolorosamente la timidez de la adolescencia, y quieren detener el absurdo de denigrar el valor de la mujer debido a factores superficiales como esos. Finalmente una compañía de belleza estaba decidida a crear «una nueva definición de belleza [que] liberará a las mujeres de la inseguridad y las alentará a aceptar su belleza real».[3]

En un mercado de productos de belleza ya bastante atestado, presentar anuncios de televisión, publicidad impresa y afiches con mujeres reales con curvas reales dio lugar a un enorme aumento de un 600 por ciento para la marca en Gran Bretaña.[4]

ÉL ANSÍA EL RIESGO

Vivo en la calle sin salida, perfecta para correr monopatín. Esta no era una característica que mi esposo y yo estábamos buscando cuando compramos la casa, pero es evidente por el número de chicos que vienen de-sabrá-Dios-dónde cada sábado, que nuestro pequeño secreto tiene justo las subidas y las bajadas perfectas para ser designado el mejor parque natural para monopatín.

Es divertido ver a los chicos y a las chicas saltar el borde de la acera y caer sobre los obstáculos en la carretera preparados por ellos mismos. Pero algo muy curioso ocurre los sábados. Según se adentra la mañana, los chicos diseñan rampas tan empinadas que las chicas piensan que son muy peligrosas, por no decir suicidas. Un día, mi hija de nueve años entró corriendo a la casa para decirme que los muchachos estaban patinando usando los escalones del balcón del vecino. Todas las chicas habían decidido que los muchachos estaban escribiendo el guión para sus muertes y se retiraron, mientras que la euforia de los varones aumentaba según crecía el peligro.

Ya sea un parque para monopatín, explorar nuevas fronteras o salir a defender a su país en el frente de guerra, el género masculino se alimenta de los riesgos. Su pasión por la búsqueda requiere que los hombres asuman grandes riesgos, y ellos están biológicamente cableados para las situaciones peligrosas. Con su tanque lleno de testosterona, la hormona de la agresión; con una cantidad más alta de fluido espinal en el cerebro, el cual mueve los impulsos físicos desde el cerebro hasta el cuerpo; y con menos oxitocina y serotonina (hormonas calmantes) que las mujeres, los hombres no sólo están preparados para arriesgarse más, sino también para sentirse estimulados en lugar de asustados ante el riesgo.

Las estrategias de ventas y de publicidad que estimulan la aventura llamarán la atención de los hombres. Y para estrategias de ventas y manejo de cuentas, opta por actividades de mucha acción cuando de entretener a un cliente masculino se trata —el descenso de aguas bravas en balsa, ir a esquiar y el siempre popular partido de golf activarán sus hormonas masculinas para producir una sensación de urgencia.

ELLA CALCULA EL RIESGO

Las mujeres están dispuestas a arriesgarse pero son menos propensas a buscar situaciones arriesgadas sólo por el placer de vivir peligrosamente. Su cóctel químico de estrógeno, progesterona y niveles más altos de oxitocina y serotonina tienen un efecto calmante que la lleva a pensar (o hablar, como discutiremos en el capítulo 7) cuando enfrenta retos, en lugar de tomar acción.

Las diferencias en la tolerancia al riesgo tiene implicaciones obvias si eres dueño de una agencia de viajes o una compañía turística. Pero, ¿y qué de otros negocios o servicios personales? En el 2005, los gerentes de inversiones de Merrill Lynch encuestaron a mil inversionistas —quinientos hombres y quinientas mujeres— y los resultados confirmaron que los hombres son más arriesgados con el dinero. La encuesta reflejó que de que aquellos que se consideraban a sí mismos

- «inversionistas competitivos», el 60% eran hombres y el 40% mujeres.
- «inversionistas mesurados», el 55% eran hombres y el 45% eran mujeres.
- «inversionistas renuentes», el 47% eran hombres y el 53% eran mujeres.
- «inexpertos», el 47% eran hombres y el 53% eran mujeres.[5]

Los productos, los servicios personales y los servicios profesionales con un precio más alto usualmente coinciden con un peligro personal implicado al hacer la compra. Minimizar el riesgo para las compradoras puede ayudar a minimizar el riesgo de perderlas como clientas.

IMPULSOS DIFERENTES

	Hombre	Mujer
Es motivado(a) por	Su búsqueda.	Su nido.
En el trabajo	Valora la independencia, prefiere las estructuras jerárquicas, los roles definidos y las reglas.	Valora la interdependencia, prefiere los equipos autodirigidos.
Desea	La máxima herramienta de desempeño.	La herramienta que funcione.
Valores	El respeto propio al superar la dificultad.	La autoestima por medio del inherente valor propio.
El riesgo	Estimula las hormonas.	Señala la necesidad de una cuidadosa consideración.

En la publicidad	Posiciona tu producto o servicio como la herramienta de precisión para que él conquiste su ambiente.	Posiciona tu producto o servicio como decisivo para hacer la vida más fácil y que su nido sea más armonioso.
Al venderle	Mira su objeción como tu oportunidad para demostrar tus aptitudes; enfatiza el desempeño de equipo mejorado.	No critiques al competidor, ni al tuyo ni al de ella; enfatiza las relaciones de equipo mejoradas.

VENTAS IMPULSADAS POR LOS VALORES

Existen contrastes, sin duda alguna, entre los valores masculinos y femeninos. No son valores mejores o peores, sencillamente diferentes. Y estos contrastes afectan grandemente sus motivaciones para decir sí o no en toda situación de compra. Para vender y mercadear efectivamente a cualquiera de los dos géneros, debes reconocer cómo los sistemas de valores de él y de ella influyen en la motivación de tus clientes para ignorar tu oferta por completo, comprar tu producto una vez, o para «casarse» con tu marca.

PONGAMOS EN PRÁCTICA LOS IMPULSOS DIFERENTES

X: Cuando quieras posicionar tu producto o servicio ante ella, enfatiza el impacto positivo que tendrá en aquellos que son parte de su red —compañeros de trabajo, amigos y familiares— así como los beneficios para ella individualmente. Atráela con anuncios que ubiquen tu producto como la herramienta principal para hacer su vida más fácil y a su nido más armonioso. No critiques al competidor, ni al tuyo ni al de ella. Para ella tiene mucho valor que todo el mundo se sienta bien consigo mismo. A ella la impulsa su nido. Si puedes demostrarle cómo tu ofrecimiento va a enriquecer sus relaciones, se inclinará a comprar. Si percibe riesgo en la compra, tienes que abordarlo de manera que la ayudes a evaluar con precisión el riesgo y llevarlo a un nivel en que se sienta a gusto. A fin de cuentas, si puedes convencerla de que tu ofrecimiento le permitirá manejar de manera más eficaz su nido, se sentirá impulsada a comprar.

Y: Al enfatizar el valor de tu producto o servicio como la herramienta de su selección para la independencia, un desempeño realzado y para superar los obstáculos en su ambiente, le estarás hablando a lo que le impulsa a él a comprar. Si él expresa alguna objeción a tu oferta, trátala como una oportunidad para probarle que mereces su respeto. Para él, fracasar está bien siempre y cuando puedas convertir ese fracaso en un triunfo. Cuando esto se aplica, la manera infalible de hacerlo es enfatizando cómo tu ofrecimiento enriquecerá el desempeño en equipo, ya sea que su equipo lo forme él y un socio de negocios, o él y toda una compañía. A él lo impulsa la conquista. Y él no tiene problema con que incluya riesgo, siempre y cuando puedas convencerlo de las recompensas heroicas. Haz esto y lo moverás a tomar la decisión de comprar.

4

QUÉ LO HACE *TIC*, QUÉ LA HACE *TAC*

Él prioriza, mientras ella maximiza.

Un hermoso domingo de abril, mi esposo, Phil, se dedicó toda la tarde a organizar el garaje. Instaló algunos estantes, organizó las latas de pintura parcialmente usadas y las botellas de herbicida, y enganchó las bicicletas del techo. A las 5:15 esa tarde, dijo que iba a Home Depot a comprar un tornillo particular que necesitaba para asegurar el nuevo panel de yeso.

Contesté con las dos palabras favoritas de una mujer: «De paso...», seguidas por una lista disfrazada de pregunta, «...¿podrías comprar un litro de leche y dejar el material de reciclaje?»

Phil refunfuñó y me miró como si le hubiera pedido que

donara un riñón. Repliqué a la defensiva: «Está de camino. Publix está justo al lado de Home Depot, y el centro de reciclaje está detrás de Publix. ¿Por qué tienes que enojarte?»

«Porque si voy a tirar el reciclaje y entro al supermercado, no voy a tener tiempo esta noche para terminar mi proyecto en el garaje», contestó mientras tiraba descuidadamente las latas y los papeles en la camioneta.

Este escenario se repite todos los días entre muchas parejas. Los hombres se exasperan con sus esposas cuando estas les piden que hagan tareas aparentemente desligadas a la que ellos están realizando. Y las mujeres no entienden por qué añadir diez minutos al viaje para llevar a cabo dos tareas adicionales es una carga tan grande. Después de todo, están en el camino.

En su libro *Marketing to Women,* Marti Barletta explica que los hombres *priorizan* su tiempo, y las mujeres *maximizan* el suyo.[1] Una mujer seguramente no contempla salir a hacer una diligencia que le tome cuarenta y cinco minutos para sólo completar una tarea. Al añadir el reciclaje y los artículos comestibles al viaje de Phil a Home Depot, yo creía que él tendría un viaje más eficaz puesto que yo no me sentiría productiva logrando sólo una cosa en un viaje fuera de la casa. Phil pensaba de otra manera. Él lo que quería era salir y regresar rápido para terminar su proyecto en el garaje.

Claramente, existen grandes discrepancias entre las definiciones de él y de ella en lo que respecta a la productividad y al manejo del tiempo. Para los profesionales en ventas y mercadeo, la pregunta obligada es: ¿cómo el conocimiento de estas discrepancias te ayudan a conectarte con tus clientes y aumentar las ventas?

La existencia enfocada del cazador preparó al hombre moderno con agudas habilidades para concentrarse en un objetivo único. Él establece prioridades eliminando las tareas secundarias y luego enfocándose en proyectos cruciales. Su cerebro altamente diferenciado tiene menos neuronas conectando los dos hemisferios (o, como ya explicamos, es como un archivo de oficina, donde las tareas están archivadas separadamente). El «proyecto del garaje» de Phil no tenía nada que ver con la necesidad familiar de comprar leche y salvar de basura al planeta.

La descripción de trabajo de la recolectora a lo largo de la historia ha requerido la destreza de llevar a cabo diferentes tareas simultáneamente. La mujer moderna, por lo tanto, ha heredado un cerebro que no sólo está hecho para la ejecución de multitareas, sino que lo prefiere de esta manera. La definición de productividad de una mujer es maximizar el número de actividades realizadas en un período de tiempo. Si hubiera tenido ropa en la tintorería al lado de Publix, lo habría añadido a la lista de Phil también —cuatro tareas en un solo viaje es mejor que tres. El sistema de archivo de la mujer agrupa y baraja las cosas para llevar a cabo la mayor cantidad de tareas posible. El trabajo de archivar de lo que trata realmente es de compartir archivos. Cuando Phil anuncia «voy a salir a...», mi cerebro reorganiza todas las tareas desligadas que necesitan hacerse dentro del «archivo de salidas», donde todas están perfectamente relacionadas.

UN LUGAR PARA TODO

¿Recuerdas las diferencias que presentamos en el primer capítulo sobre la compra de un traje para un hombre y para una mujer? La mujer se desplazará por toda la tienda —por no decir por todo el centro comercial— para encontrar el conjunto perfecto, mientras que los trajes para caballeros siempre están localizados justo al cruzar la entrada principal, y organizados de manera que pueda entrar y salir rápidamente.

Una vez el hombre decide por el traje, se mueve a la caja registradora para pagar. En una de las tiendas más grandes e importantes en el centro comercial local, Godiva ha colocado un quiosco surtido con sus tentadores chocolates directamente detrás de la caja registradora en el departamento para caballeros. Este mostrador pudiera muy bien estar susurrando subliminalmente: *Oye, amigo... ¿quieres ser un héroe? Por sólo veinticinco dólares me puedes llevar a tu casa y regalarme a tu esposa. Estoy aquí. Ya estoy envuelto en papel de regalo. Ella nos amará a ambos.*

Cuando presento este escenario a un salón repleto de profesionales en ventas, les pregunto a los hombres: «¿Compras los chocolates?» Con una mirada de confusión, contestan que no. Cuando les pregunto el porqué, la respuesta es siempre un rotundo: «Porque estoy allí para comprar un traje».

Mientras que la mayoría de los hombres probablemente nunca se percató de este quiosco, todas las mujeres en la audiencia conocen su ubicación exacta. Mientras baja por las escaleras mecánicas, mirando hacia abajo al departamento de caballeros, los chocolates les hacen señas: *Estamos aquí. Te vamos a hacer sentir muy feliz.* Y aun cuando ella fue a buscar el traje perfecto, ver los chocolates le recordará a su querida amiga Amanda, a quien le encantan los chocolates... ¿y acaso no es el cumpleaños de Amanda la semana que viene? Ahora sí que esta salida de compras es un éxito mayor —pues se lograron no una, sino dos tareas. Ella compró su traje *y* el regalo perfecto.

¿Cómo puede Godiva sacar un mejor provecho de la ubicación de sus productos? Para los hombres, el quiosco de chocolates a plena vista no va a provocar un pensamiento para comprar si su misión en el centro comercial no tiene nada que ver ni con chocolates ni con regalos. El departamento de mercadeo tiene que coordinar con el de ventas. Una vendedora puede tratar de crear un beneficio para el hombre para que este se percate y compre los chocolates. Puede decirle: «Mi esposo me llevó una caja de estos chocolates la semana pasada, de forma inesperada, y significó mucho para mí. «¿Hay alguien en su vida a quien quiera sorprender con el obsequio perfecto?» Con todo, él está allí sólo por una razón, y es difícil tratar de motivarle a añadir otra tarea. Si Godiva quiere venderles a los hombres, les resulta más conveniente invertir su presupuesto de mercadeo en intentar llevarlos a su tienda de chocolates. O mejor aún, vendiendo sus productos en una tienda de regalos repleta de obsequios para mujeres.

La mayoría de las mujeres se percatará del quiosco durante su descenso de cuarenta y cinco segundos por la escalera mecánica. Una recolectora innata que prefiere aprovechar hasta el último minuto, usará esos cuarenta y cinco segundos para recorrer la tienda con la vista en busca de otros artículos que pueda necesitar. Facilita el impulso a esa necesidad colocando un rótulo encima del quiosco que lea: «Godiva... el regalo perfecto».

CÓMO SACAR EL MÁXIMO PROVECHO A LA ESPERA

> *«...voy en camino, me temo, hacia el lugar más inútil. El Sitio de la Espera... para la gente que está simplemente esperando».*
>
> —DE *¡OH, CUÁN LEJOS LLEGARÁS!* POR DR. SEUSS

El recibidor en un restaurante (mientras esperas pacientemente por una mesa), la sala de espera de un doctor o el área de espera en un aeropuerto no son sólo «el lugar más inútil», sino que también producen ansiedad en tus clientas, que están cableadas para las multitareas. ¿Qué tiene que hacer el proveedor de producto o servicio? Si eres sabio, le permitirás que maximicen su tiempo comprando.

En cada restaurante Cracker Barrel, hay una tienda de la compañía llena de música, dulces, juguetes que pueden usarse en el coche para mantener a los niños ocupados durante el viaje por carretera y la imprescindible sudadera (porque, ¿quién sabe si va a estar frío en Louisville? ¡Con lo caliente que estaba en Birmingham cuando nos detuvimos a almorzar!)

Cracker Barrel ha convertido en algo muy productivo la espera por una mesa de sus clientas, y por consiguiente, en un incremento en ventas para la compañía. En el 2007, el 33% de los clientes de su restaurante compró un artículo en su tienda, lo que representó el 21.6% del total de ventas de Cracker Barrel.[2] Y mientras las mujeres están comprando en la tienda de artículos *country*, los hombres están disfrutando un juego de damas en los sillones ubicados en el balcón frontal. Cracker Barrel devenga ganancias hasta de los hombres esperando. Esos famosos sillones son el artículo de mayor venta en Cracker Barrel, y el juego de damas y tres en raya es el sexto artículo en ventas de la astuta cadena de restaurantes. ¡Y tú pensabas que la única preocupación de ellos era servirte comida sureña gustosa y preparada «como en casa»!

Mike Marolt, un veterano con veinte años de experiencia en Best Buy, está implementando la estrategia de Cracker Barrel en los hospitales. Convencido de que existe una gran oportunidad para servir a los miles de pacientes, familias y empleados de hospitales grandes, su compañía, eq-life, se ha asociado con el sistema de grandes hospitales para mejorar las instalaciones hospitalarias con tiendas equipadas con recursos de salud y educativos, así como productos tecnológicos y consultores personales.[3] Bajo esta estrategia, ya sea que estés saliendo del hospital con un nuevo bebé o con una nueva cadera, Marolt quiere asegurarse de que tengas una conveniente oportunidad para comprar los artículos que necesitarás una vez estés en tu casa. Los hospitales y los doctores pueden aumentar sus ganancias, mientras que a la vez incrementa el nivel de satisfacción del paciente teniendo estos artículos disponibles a través de la Internet.

En la mayoría de los casos, una estrategia como esta beneficiará mucho más, y por lo tanto persuadirá a comprar a tus clientas —y una esposa y madre satisfecha tiende a producir un hogar feliz. De esta manera, también hay un beneficio secundario para los clientes masculinos. No importa la forma en que lo mires, si deseas una manera sencilla de incentivar las ventas y la efectividad del dinero que inviertes en mercadeo, saca provecho del tiempo cuando tus clientes están esperando. Esto puede aplicarse tanto a tiendas con locales físicos como a tu negocio cibernético. El sitio de la espera es un lugar de excelente oportunidad para las ventas y el mercadeo.

Sin embargo, tienes que proceder con cautela en esta palestra. Tienes que sopesar todas las implicaciones antes de promocionar las multitareas como una estrategia de ventas y mercadeo, puesto que demasiadas opciones pueden disminuir las ventas tan rápido como ofrecer las opciones adicionales apropiadas puede aumentarlas.

Siempre ansiosos por reducir los gastos operativos y los costos de mano de obra, algunos detallistas han añadido cajas registradoras automáticas que permiten que el cliente escanee su propia mercancía. Aunque los costos de mano de obra se han reducido, también han bajado las ventas de los dulces, la goma de mascar y las revistas —esos artículos que rodean al cliente tanto en las registradoras tradicionales como en las automáticas. No es de sorprender que las compras de las mujeres de estos productos sean las que más hayan bajado —cincuenta por ciento, comparado con una reducción de veintiocho por ciento para los hombres. Parece que la capacidad de las mujeres para las multitareas llega hasta cierto límite. Cuando ella está ocupada escaneando sus artículos, no tiene el tiempo para examinar en detalle los mostradores para hacer otras compras. Al evaluar el razonamiento comercial detrás de las registradoras automáticas, los detallistas deben examinar tanto las implicaciones en el servicio al cliente y la posibilidad de perder esas ventas impulsivas de artículos en la caja registradora.[4]

CÓMO MAXIMIZAR EL TIEMPO PARA LAS MUJERES

Entonces bien, ¿qué puedes hacer para sacar el máximo provecho del tiempo de tus clientes? Para las mujeres, determina cuáles son sus tareas más comunes y adapta tus ofrecimientos para incluir por lo menos las tres más importantes. Brad Sprigler, dueño de Brad Sprigler Designs of Louisville, descubrió que sus clientas profesionales estaban haciendo mucho más que trabajo de oficina desde las oficinas en sus hogares. «Las mujeres están acostumbradas a las multitareas, realizan las tareas domésticas y atienden sus carreras profesionales todo a la misma vez», él explica.

Cuando estaba diseñando el espacio para trabajar desde la casa de Carolyn Chou, una vendedora de productos farmacéuticos, Brad utilizó muebles que le permitieran a ella concentrarse en el trabajo mientras que sus hijos, de cinco y siete años, estaban también en la oficina.

«Una de las partes más importantes de mi oficina es el área para sentarse junto a la ventana», ella explica. «Es una práctica banca alargada y debajo tiene tres gavetas. Dos de ellas son para los juguetes de los chicos, y la otra para mis cosas». Un sofá, un televisor, un DVD y un pequeño refrigerador también le permiten estar cerca de sus hijos mientras realiza sus tareas de trabajo.[5]

El diseñador Christopher Lowell, al darse cuenta de que las mujeres quieren maximizar su tiempo y su espacio, está expandiendo su línea de muebles disponible en Office Depot para incluir piezas más pequeñas y movibles que se enfocan en apariencia y funcionalidad para que las mujeres puedan trabajar dondequiera que encuentren el espacio. Él entiende, al igual que tú debieras hacerlo, que la principal fuerza para mover a una mujer a comprar es ofrecerle productos y servicios que la ayuden a maximizar su tiempo ocupado con tantas tareas importantes. A costa de perder el control, mientras más tareas las mujeres puedan, razonablemente, incluir en un marco de tiempo, mejor es.

CÓMO PRIORIZAR EL TIEMPO PARA LOS HOMBRES

¿Durante qué días del año crees que el número de compradores sobrepasa al número de compradoras? Los días 22, 23 y 24 de diciembre. No es de sorprenderse, que uno de cada cinco hombres todavía no hubiera empezado sus compras navideñas del 2007 hasta el 11 de diciembre, según la National Retail Federation (Federación Nacional de Detallistas), con sede en Washington DC.[6] Esta ha sido la tendencia desde los inicios de las ventas al detalle y es muy poco probable que cambie.

Si piensas que los hombres tienen en su ADN el gen de Ebenezer Scrooge —protagonista de la famosa novela de Charles Dickens, *Cuento de Navidad*— estás equivocado. La chispa de los días de Navidad, cumpleaños, aniversario o San Valentín no enciende la mente del hombre enfocado hasta que —claro está— tiene la fecha encima. Si buscas «flores para San Valentín» en la Internet, encontrarás millones de sitios pidiéndote diligentemente que ordenes con una semana de anticipación. San Valentín es su día más ocupado en todo el año. Con frecuencia se les agotan las flores, especialmente las rosas. Muchos sitios web aconsejan a los hombres «ordenar flores y hacer reservaciones para cenar con una semana de anticipación». Y sus consejos para las mujeres: «Déjale pistas; pídele a su asistente que se lo añada en el calendario la semana antes; asóciate con una amiga: tú le ayudas con su esposo y ella te ayuda con el tuyo». Mi consejo favorito es: «envíale flores a él una semana antes de San Valentín con una nota que diga lo mucho que estás anticipando el fin de semana romántico del Día de los enamorados».

¿Acaso estos consejos hacen que aumenten las ventas para los floristas? Ni un poquito. Debido a que los hombres compran el 73% de las flores el Día de San Valentín, los floristas están desperdiciando su tiempo con estas peticiones.[7] En una encuesta nacional solicitada por la Sociedad Americana de Floristas, sólo una tercera parte de los hombres dijo que compraba regalos o hacía preparativos con una semana o más de anticipación. En el extremo opuesto del espectro, el 30% espera hasta el Día de San Valentín o hasta la víspera para ordenar o comprar los regalos para su ser amado.[8]

Compara las costumbres de los hombres y las mujeres. Durante el mes de julio, mientras una mujer está echando un vistazo aquí y allá, encuentra y compra ese regalo perfecto de Navidad para su hermano. Luego de tachar esa tarea de la siempre-abierta-en-su-mente lista de regalos, su única tarea ahora es recordar dónde esconde el regalo por los próximos cinco meses.

Cuando fueron encuestados, el 69% de los hombres dijo que lo más probable era que compraran sólo cuando necesitaban un artículo específico, y el 31% contestó que le gustaba ir de compras aunque fuera a mirar escaparates —el 58% de las mujeres, por otro lado, disfruta andar de compras aunque no tenga ningún artículo específico en mente.[9]

Cuando un cliente potencial te llama, tiene un problema que necesita atención inmediata. Y una de las primeras preguntas es sobre el precio. Una mujer, lo más seguro, va a necesitar un lapso de tiempo más largo para su decisión y considerará muchas variables, aparte del precio.

El punto de todo esto es: deja de pelear con la Madre naturaleza. En lugar de tratar que los hombres usen su tiempo de la misma manera que las mujeres, conviértete en el mejor amigo de él desarrollando opciones de servicio que activen su calendario, y provee ideas que le permitan ordenar regalos automáticamente, así como otros artículos que él compra en el último minuto.

LA CLAVE ESTÁ EN EL MOMENTO OPORTUNO

	Hombre	Mujer
Manejo del tiempo	Lleva a cabo una tarea única y se enfoca en la meta.	Lleva a cabo multitareas con metas simultáneas y que con frecuencia no se complementan.
Manejo de la tarea	Establece prioridades y elimina las tareas menos importantes para poder llevar a cabo la principal.	Maximiza el número de tareas completadas en un período de tiempo.

Al comprar	Busca un producto específico, en un área en el que sea fácil entrar y salir.	Busca la solución perfecta, lo que pudiera ser un producto o varios.
Mientras espera	Usualmente está «apagado» para conservar energía.	Su mente todavía está buscando.

En los negocios, la clave está en el momento oportuno. Nosotros decidimos el momento para introducir un nuevo producto, para lanzar una nueva campaña publicitaria y para anunciar las ganancias. Nos esforzamos para reducir el ciclo de venta del producto, aumentar las compras compulsivas y para superar a nuestro competidor al introducir nuestro producto en el mercado.

Para cerrar más tratos comerciales, utiliza tu nuevo entendimiento sobre los hábitos para usar el tiempo de él y de ella al momento de diseñar productos y desarrollar servicios, e introduce opciones que hagan al hombre más eficiente para completar sus tareas únicas y más importantes, y a las mujeres más ingeniosas para llevar a cabo sus multitareas.

PONGAMOS EN PRÁCTICA EL TIEMPO OPORTUNO

X: Las mujeres disfrutarán un laberinto de experiencias sensoriales mientras compran. Empaca varios artículos que se complementen con un precio especial al comprar muchos de ellos. Cuando tu clienta tenga que esperar, ofrécele la oportunidad de que continúe comprando artículos complementarios o populares que ella pudiera encontrar útiles. Si tiene que esperar más de lo usual, ofrécele un cupón «compra uno, llévate uno gratis». Como ella siempre está buscando la solución perfecta para sus muchos roles —y para aquellos que son parte de su nido—, comprará un obsequio de Navidad para la tía Marta a mediados de agosto y usará el «regalito» para ella. Para sacar provecho de su deseo por maximizar el tiempo realizando multitareas, incita su necesidad de comprar regalos usando mensajes sugestivos. Ella va a sentirse agradecida por la oportunidad de tachar otra tarea más de su lista.

Y: Por otro lado, mercadea y véndele al deseo de los hombres de entrar y salir rápido. Diseña campañas publicitarias y posiciona productos para hacer posible un proceso de compras eficiente. Él no valorará ninguna otra experiencia de compras tanto como la comodidad al comprar, así que en lugar de tratar constantemente de persuadirlo a que compre un producto más caro, trata de ganarte su lealtad. Si él tiene que esperar por algo, ofrécele una oportunidad para que se relaje —esto tiene mucho más valor para él que encontrar algo más para comprar. Si tiene que esperar más tiempo de lo normal, convierte esta inconveniencia en algo que valga la pena para ambos: ofrécele un descuento considerable en su siguiente compra. Esto atenúa el proceso de revisar la hora en su reloj y no te cuesta a ti nada de entrada; sin embargo, pudiera motivarlo (o recordarle) a regresar la próxima vez que esté en la misión de un producto o servicio que tú ofreces. Y con respecto a esa siguiente compra, siempre ten en mente que él no se concentrará en el proyecto, la fecha o el día feriado hasta que sea inminente, por lo que va a comprar sólo cuando necesite hacerlo. Diseña tu tienda de manera que acomodes su naturaleza de compras en el último minuto.

5

APUNTA AL OJO DEL ESPECTADOR

Él ve como un láser; ella ver como un faro.

Es viernes en la noche. Exhausto por nuestra ajetreada semana, mi esposo Phil y yo planeamos relajarnos frente a la televisión. Phil se abalanza sobre el control remoto, lo sujeta con firmeza en el aire y exclama: «¡Yo tengo el control!»

Y comienza el *surfing*. Brinca de un drama policiaco con una persecución a alta velocidad, a un juego de básquetbol, luego a un película de guerra que presenta partes de cuerpos humanos volando por todos lados, de ahí a dos abogados discutiendo acaloradamente en una retransmisión de *Law and Order* [Ley y Orden]. Suspiro y digo: «¡Al fin, un protagonista masculino que habla!»

Después de escoger la clásica película de guerra *Full Metal Jacket* y programar el juego de baloncesto para que se vea en un recuadro en la misma pantalla, Phil declara muy orgulloso: «¿Quién dijo que los hombres no podemos hacer varias tareas a la vez?»

Trato de conectarme con la película, mientras me esfuerzo por ignorar la distracción del juego en el recuadro. Después de quince minutos, admito la derrota, tomo mi copia de *The Lovely Bones* [Los huesos fascinantes], y me retiro a la habitación a devorarme la agobiante y desgarradora historia de una joven de catorce años a la que violan y asesinan. En todos los sentidos es igual de violenta que las escenas del campo de guerra en la televisión, pero estoy completamente inmersa en la lectura mientras Susie vigila a su familia, amigos y a su asesino, desde el cielo. Me identifico con los personajes como si vivieran en la casa del lado.

Mi noche con Phil se parece a la de muchas otras mujeres con sus esposos. ¿Qué explica la diferencia?

Brincar de un programa a otro, o mirar simultáneamente un partido de fútbol y otro de golf es en realidad muy relajante para el cerebro masculino. La sangre fluye naturalmente a sus cuatro centros de razonamiento espacial, lo que le permite entretenerse sin tener que pasar trabajo. Debido a que tiene el don natural de enfocarse en el movimiento, un hombre puede en realidad «desconectarse» mientras mira una violenta película de guerra.

Cambia el canal para ver una película con diálogos de alto contenido emocional, y él tiene que despertarse sólo para no «perder el hilo». Seguirles la pista a los personajes, al diálogo y a las emociones es demasiado trabajo para un viernes en la noche. Las mujeres, por otro lado, tienen un quince por ciento más de flujo sanguíneo hacia las áreas que procesan la conversación y la emoción. Un melodrama estimula todas las destrezas de razonamiento verbal y emocional en una mujer. Pero a ella le da trabajo involucrarse en el movimiento perpetuo que él desea.

LOS HOMBRES VEN UNA TERCERA DIMENSIÓN

Dirigir y disparar con lanzas a través del aire a blancos en movimiento desarrolló la aguda aptitud espacial de los hombres —la habilidad para manipular objetos en espacio. Esa destreza se perfeccionó en el transcurso de miles de años y hoy día está conectado directamente en su cerebro. Cuando un hombre contempla un problema de geometría, apunta a un blanco en movimiento, o le piden que examine objetos desde una perspectiva tridimensional, su cerebro responde con al menos cuatro áreas específicas en el hemisferio derecho y dos áreas secundarias en el hemisferio izquierdo para asistirle.[1]

Cableados para observar objetos en rotación a través del espacio, los hombres se han esforzado muchísimo para crear deportes rudos, y con frecuencia peligrosos, para su disfrute —piensa en fútbol americano, básquetbol, hockey y balompié. Ahora que entiendes la pasión innata del hombre por la acción y el movimiento, puedes anclar tu producto o servicio en su mente.

DIFERENCIA EN LA ACTIVIDAD CEREBRAL DURANTE EL RAZONAMIENTO ESPACIAL

(El sombreado en los dibujos representa la actividad cerebral captada mediante estudios de exploración de resonancia magnética funcional.)

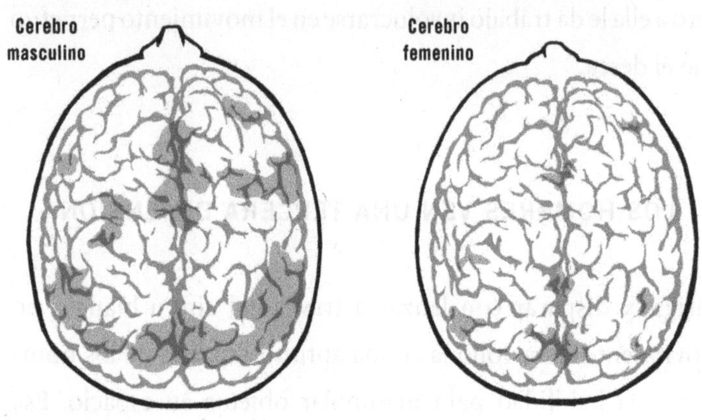

Lawrence H. Summers, ex presidente de la Universidad de Harvard, debió haber estado despierto durante esta investigación en el 2005 cuando insinuó que las mujeres podrían no tener las mismas habilidades innatas de los hombres para las matemáticas y la ciencia. En el 2005, durante una conferencia en Cambridge de la Agencia Nacional de Investigación Económica —NBER, por sus siglas en inglés— Summers habló sobre la «Diversificación de la Fuerza Laboral en las Ciencias y la Ingeniería». Su respuesta provocó una agitada controversia y más tarde, contribuyó a su renuncia. Entre otras cosas, él creó la hipótesis de que existen diferencias en las habilidades intrínsecas de los hombres y las mujeres en estas materias (más específicamente, una variación más alta de los hombres en la aptitud, habilidades o preferencias relevantes a la ciencia y la ingeniería).

Las declaraciones del Dr. Summers ofendieron y fueron vehementemente debatidas —injustamente, en mi opinión— por dos razones principales:

1. Las personas en desacuerdo con el Dr. Summers señalaron el hecho de que las mujeres son extremadamente buenas en matemáticas. Ellas obtienen mejores calificaciones en esta materia durante los años de escuela, y más de la mitad de los cursos de especialidad en contabilidad los llevan mujeres.

   Cierto. Cierto y cierto otra vez. Pero existe un área de las matemáticas que la mayoría de los hombres domina mejor que la mayoría de las mujeres: el razonamiento espacial —la habilidad de manipular objetos en espacio.

   ¿Recuerdas este tipo de preguntas en la Prueba de Aptitud Escolar (SAT, por sus siglas en inglés)? Compara las cuatro figuras a continuación con el objeto de prueba. ¿Cuál de ellas no es el objeto de prueba rotado? (Puedes encontrar la respuesta en la página 90.)

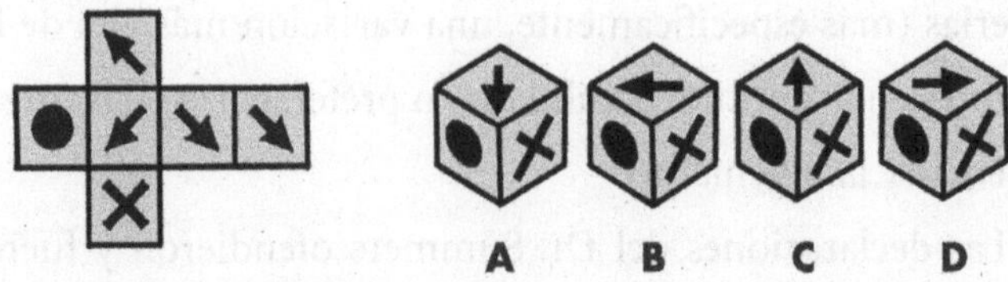

Esta es la parte de las matemáticas que la mayoría de los hombres «capta» y «capta más rápido» que la mayoría de las mujeres. Tener destrezas de razonamiento espacial realzadas no capacita a los hombres para ser mejores en todas las destrezas matemáticas, pero ciertamente les ayuda en este tipo de problemas. Esta misma habilidad innata es la que también hace a los hombres, en promedio, más diestros que las mujeres para estacionarse paralelamente. Yo menciono las destrezas para leer mapas cuando doy mis seminarios para ejemplificar las diferencias entre los géneros en este renglón. Invariablemente alguna mujer dice: «Pero a mí me encantan los mapas».

«Y a mí también», le contesto, «pero si estás manejando por una ciudad enorme y poco familiar y doblas a la derecha, ¿rotas el mapa en la dirección hacia donde te diriges?»

Las mujeres asienten con la cabeza; los hombres miran incrédulos. Ellos nunca piensan en rotar un mapa porque no necesitan hacerlo. Su destreza espacial les permite rotar el mapa en sus mentes.

2. Las personas también estuvieron en desacuerdo con el Dr. Summers porque pensaron que su implicación de que las mujeres pudieran no tener las habilidades innatas de los hombres era sexista y creaba estereotipos.

Es importante resaltar que el Dr. Summers no implicó que pensaba que una mujer no pudiera ser la mejor matemática o científica de todos los tiempos. Los científicos creen que cerca de un diez por ciento de las mujeres tienen la aptitud espacial realzada de los hombres. Posiblemente esto explica por qué el 11.5% de todos los arquitectos, el 10.6% de todos los ingenieros, y menos del 3% de todos los controladores aéreos son mujeres. No es que las mujeres no puedan ejercer estas profesiones; algunas mujeres pueden y sí lo hacen. Pero a la mayoría de las mujeres se les haría más difícil sobresalir en profesiones que requieran excelentes destrezas de razonamiento espacial.

Una advertencia amigable para todos mis lectores, y principalmente para mis lectores masculinos: las mujeres han trabajado arduamente para alcanzar paridad política y económica con los hombres, y con mucha razón son muy susceptibles ante cualquier sugerencia de que ellas no pueden desempeñarse en cierta tarea o profesión. Aprendan de la debacle del Dr. Summers. Sólo porque el «asunto de la matemática» ahora está claro, no significa que sea sabio usarlo para explicar ciertas conductas. La meta principal de cualquier publicidad efectiva y de toda venta es la comunicación efectiva con ambos géneros. Y algunas veces, lo que es útil saber no necesariamente es útil decir.

LOS HOMBRES ESTÁN EQUIPADOS CON ANTEOJERAS NATURALES

—Cariño, ¿me cambiarías los bombillos de la lámpara de techo de la cocina? —ella pregunta.

—Por supuesto. ¿Dónde están los bombillos? —él contesta.

—En la despensa —ella contesta. Mientras piensa en silencio... *en el mismo sitio donde han estado por los pasados siete años.*

Parado frente a la despensa y mirando los estantes, él dice: «No los veo».

—Están en el tercer estante a la derecha.

—Creo que no tenemos bombillos. No los veo.

Ella camina hacia la despensa, mira a la derecha, saca un bombillo de la caja y se lo entrega a su esposo sin decir una palabra.

Más tarde, mi amiga Nancy contó sobre este encuentro entre ella y su esposo, Mark, mientras almorzábamos juntas. Ella estaba convencida de que Mark se estaba haciendo el inútil para no tener que cambiar el bombillo. Me miró incrédula cuando le sugerí que tal vez él realmente no recordaba dónde estaban guardados los bombillos, y que realmente no los vio.

El cazador necesitaba una visión que pudiera poner en la mira a un blanco en movimiento y distante. Para enfocarse completamente en el blanco, el cerebro humano masculino puede desconectar objetos sin importancia en la periferia, haciendo que se le dificulte ver un objeto estacionario fuera de su túnel.

Tu compañía puede desarrollar y lanzar al mercado la herramienta más fabulosa de todos los tiempos, pero si no la coloca justo en su campo visual cuando él entra a la tienda o cuando visita tu sitio web, tal vez nunca la encuentre. Sus ojos no buscan naturalmente. Él prefiere conocer un blanco preciso y enfocar sus ojos en atinarle. Para mercadear y venderle efectivamente a un hombre, posiciona tus productos en el centro de su enfoque.

ELLA TIENE OJOS EN LA PARTE DE ATRÁS DE LA CABEZA

Resulta que el viejo refrán «Mamá tiene ojos en la parte de atrás de la cabeza» es más una pequeña exageración que una crasa hipérbole. Con un arco de por lo menos cuarenta y cinco grados a cada lado, así como hacia arriba y hacia abajo de su cabeza, las mujeres tienen una visión periférica más amplia que los hombres.[2]

La recolectora tenía que recordar el arbusto que produjo las fresas el verano pasado, y luego entonces recorrer con la vista entre la maleza para encontrarlo otra vez año tras año.

Subsiguientemente, el cerebro femenino ha desarrollado un agudo sistema para recordar objetos y la ubicación de estos. Mientras que él puede ver un blanco específico a una mayor distancia, ella ha sido bendecida con la habilidad de darse cuenta de todo lo que la rodea.

Los detallistas conocedores sacan provecho de la habilidad natural de la mujer de ver todo a su alrededor y colocan los artículos básicos en las esquinas de la tienda. Echa un vistazo en cualquier Wal-Mart, y encontrarás los pañales desechables en la esquina trasera del departamento de artículos para bebés. Las madres privadas de sueño están «hechas» para comprar esos artículos que «sería bueno tener» mientras van de camino a buscar los artículos básicos que necesitan: fórmula infantil y pañales.

Ya sea que tengas una tienda o que provеas algún servicio, si las mujeres son tu grupo objetivo, piensa en qué otros servicios o productos ella necesita. Coloca tu ofrecimiento en una manera tal que lo vea mientras está buscando —y ella siempre está buscando— y va de camino a comprar su artículo básico.

EL OJO DEL ESPECTADOR

No sólo los cerebros masculinos y femeninos están «cableados» de una forma diferente; ellos y ellas tampoco comparten la misma estructura ocular. Todas las imágenes se forman en la retina, y esta convierte la luz en una señal neurológica al cerebro. La retina está formada de células llamadas *conos* y *bastones*. Los bastones son daltónicos —ciegos para los colores— y sólo ven blanco y negro; mientras que los conos son sensitivos al color.

Los conos y los bastones envían sus señales a los dos tipos de células ganglionares: las magno-celulares (células M) y las parvo-celulares (células P).

Las células M y las células P tienen funciones muy distintas. Las células M, que están principalmente conectadas a los bastones, cumplen la función de ser detectores de movimiento del cerebro. Las células P envían información a una región particular del cerebro que aparenta especializarse en el análisis de la textura y del color. ¿Y adivina qué? Las retinas de los hombres tienen más células M, detectores de movimiento, que de células P, las analizadoras de color y textura; y las mujeres tienen más células P que células M.

Esta diferencia explica no sólo la disparidad en la percepción de movimiento, sino también en color. Naturalmente dotadas con abundancia de células P, sensibles al color, las mujeres son más perceptivas a todos los colores y sus matices, pero especialmente al rojo, al naranja, al verde y al castaño. Los hombres y sus células M prefieren el negro, el azul, el gris y el plateado.[3]

Cuando estés diseñando productos y empaques, recuerda que es posible que los hombres y las mujeres vean el artículo de una manera diferente. Usa grupos de sondeo para confirmar que tu audiencia femenina y masculina percibe el producto de la manera en que quieres que ellos y ellas lo vean.

LLAMA LA ATENCIÓN DE LOS HOMBRES CON OBJETOS, DISPOSITIVOS Y MOVIMIENTO

¿Quieres que el cerebro masculino literalmente se «encienda»? Crea mensajes e imágenes en su campo visual directo que incluyan acción, muestren movimiento o tengan algún dispositivo interesante. Las diferencias estructurales en el cerebro del hombre explican su reacción innata cuando ve un objeto: *¿Dónde está? ¿Adónde va? ¿Qué tan rápido se está moviendo?*

Cuando promuevas productos para hombres, colócalos directamente en su línea visual y haz que el producto se mueva. Rotar tu producto en un espacio es como una golosina para el cerebro masculino. Como va a ser difícil captar su atención sólo con palabras, tienes que usar tu creatividad particularmente cuando estés mercadeando servicios. Conecta tu servicio en su mente a movimiento y acción. Auspiciar eventos deportivos y hacer resaltar el momento oportuno con frecuencia despertará su interés.

Como es de esperar, hay un objeto en movimiento en particular que tiene un intenso efecto en el cerebro masculino: la mujer. Sus altos niveles naturales de testosterona combinados con su fascinación por las formas en movimiento hacen que una mujer moviéndose sea irresistible. Esto ciertamente no ha pasado desapercibido para los anunciantes de cerveza.

Las mujeres con frecuencia se quejan de que los hombres las ven inicialmente como objetos. Probablemente están en lo correcto, pero no deben sentirse ofendidas. Los científicos han concluido que los bebés de dos días de nacidos prefieren mirar los móviles sobre sus cunas, mientras que las bebés prefieren el rostro humano. Los hombres y las mujeres encontramos fascinante cosas diferentes. Si estás a cargo del mercadeo, reconocer este hecho te ayudará a posicionar los productos apropiadamente. Si eres un vendedor, estos deben ayudarte a sentir empatía por el sexo opuesto.

PARA ELLA, VER ES RELACIONAR

Mientras el cerebro de él está procesando, *¿dónde está? ¿adónde va? ¿qué tan rápido se está moviendo?*, el cerebro de ella cavila, *¿qué es eso y qué relación guarda conmigo?*

Si el bombillo que él inicialmente no vio de repente se cae de la repisa, es muy probable que Mark lo recoja. Nancy, por su parte, posiblemente gritaría y se preguntaría por qué un bombillo quiere atacarla.

Mientras que los hombres quedan como hipnotizados con el movimiento, las mujeres quedan absortas con las emociones.

Los objetos rotantes en el espacio pudieran captar la atención de una mujer, pero es más probable que se agache y se cubra que intentar alcanzarlos. Para captar su atención, utiliza rostros de personas con las que ella pueda relacionarse. Ilustraciones de mujeres que se parecen a ella *con* personas similares a su red de amistades y familiares —recuerda, las mujeres valoran la interdependencia, no la independencia— tendrán mucho más impacto en ella.

ÉL MIRA... Y QUIERE SABER CÓMO FUNCIONA

El agudo sentido de razonamiento espacial de un hombre también le da una ventaja en términos del funcionamiento o la mecánica de las cosas. Cuando él compra un auto, algún aparato electrónico o una cortadora de césped, él va a querer entender cómo funciona. Con un hombre, debes estar preparado para discutir las ventajas de tu producto, la función de cada dispositivo y cualquier tipo de instalación o mantenimiento que tal vez quiera hacer por él mismo.

En el interior de cada hombre hay un niño al que le fascina «mecaniquear» con cuanto objeto le llegue a las manos. Hace algunos años, Forbes —la revista estadounidense especializada en negocios y finanzas— presentó el reto «monta tu propio helicóptero» como uno de sus «juguetes ejecutivos». Por sólo $69,000, una compañía enviaría todas las partes de un helicóptero con las instrucciones para armarlo. Claramente mercadeado a ejecutivos varones, el anuncio advertía que quizás también debías adelantarte y pedirle el divorcio a tu esposa antes de ordenar el helicóptero pues el proyecto exigiría cada minuto de tu tiempo libre por los siguientes dieciocho meses. A los chicos se les caía la baba por aceptar el reto, y luego ver cómo despegaba su helicóptero.

No sólo es una ingeniería superior y la mecánica la clave para vender productos como los taladros, que son comprados predominantemente por hombres; sino que productos tradicionalmente comprados por mujeres pueden encontrar un nicho lucrativo atrayendo a los hombres mediante su ingeniería superior. Si no me crees, échale un vistazo a Dyson y sus aspiradoras.

¿Quién habría pensando que los hombres estarían interesados en la tediosa tarea de pasar la aspiradora por el piso? Bueno, a decir verdad, no lo están. Pero desde que Jim Dyson abrió su primera fábrica en 1993, los hombres se han interesado en la aspiradora. El interés masculino en esta herramienta superior y su fabuloso mecanismo ha llevado las ventas de Dyson a más de seis mil millones de dólares a nivel mundial.[4]

Aunque son las mujeres las que más usan las aspiradoras, no hay nada femenino en una Dyson. Están claramente mercadeadas a los hombres. El único que aparece en su sitio web es Jim Dyson. Lo que es más, hay toda una sección que ofrece juegos muy chéveres que apelan a la agudeza espacial innata de los hombres.

Dyson ha llegado a la cima en su industria apelando no sólo a su principal consumidora final —la mujer— sino también a los hombres. El novedoso funcionamiento de la aspiradora y su diseño superior captaron la mente masculina. Tan fabuloso fue el encanto, que de hecho, los hombres crearon un gran entusiasmo alrededor de las Dyson. Créeme, cuando un hombre sugiere comprar una nueva aspiradora y pagar un precio más alto por su diseño superior y funcionamiento, le da a la mujer suficiente esperanza de que también él quiera operar la aspiradora. No la vas a encontrar peleando ni discutiendo, sino que va a comerse la carretera entre su casa y la tienda Target más cercana para comprar una aspiradora Dyson. Y puedo dar fe de esto... ¡fue precisamente lo que pasó en mi casa!

ELLA SÓLO QUIERE QUE FUNCIONE

Mientras escribía este capítulo, recibí este llamado de auxilio a través de un correo electrónico de una mujer que pertenece a Cable, una red de cerca de quinientas mujeres profesionales en Nashville:

Re: Electrodomésticos —¡AYUDA!

Amigas de Cable:

Tengo muchísimos electrodomésticos que no están trabajando juntos. Sé que es posible que el televisor de pantalla plana, el lector de DVD, el lector de CD, la videograbadora, el amplificador y las bocinas funcionen juntas, pero no puedo hacer que ocurra.

Necesito desesperadamente que alguien venga a mi casa, conecte todos los aparatos y me enseñe cómo usarlos (¡tengo como quince controles remotos!) por menos que el pago de mi hipoteca. Compré un fabuloso DVD de hacer ejercicios que no puedo ver, y realmente necesito usarlo.

¿Puede alguien recomendarme a esta persona?

¡Gracias!

Lynn

Tu clienta sólo quiere estar segura de que la aspiradora, el electrodoméstico o el auto que está comprando va a funcionar. Necesita la convicción de que requerirá poco o ningún trabajo de su parte para instalarlo, operarlo o mantenerlo. Y sí, hay algunas mujeres que pudieran estar interesadas en la potencia del motor, las revoluciones por minuto y los beneficios del diseño, pero la mayoría no lo está. Cuando tu cliente es una mujer, es mejor que le preguntes si ella quiere una explicación de los componentes mecánicos de tu producto. Entrar en una complicada diatriba sobre asuntos técnicos puede provocar que «esconda los ojos en su cabeza».

Para probar las diferencias entre los géneros en términos

de aptitud mecánica, unos investigadores en Yale entregaron a estudiantes universitarios las instrucciones escritas para programar una videograbadora. El sesenta y ocho por ciento de los hombres superó la tarea en el primer intento. Sólo el dieciséis por ciento de las mujeres tuvo éxito en el primer intento.[5]

Para ganar con las mujeres, deja a un lado los comentarios minuciosos sobre la ingeniería superior. En lugar de esto, asegúrale que tu producto o servicio es confiable —y que va a funcionar cuando ella lo necesite. Además, ofrece planes de instalación y servicio que faciliten la compra y el mantenimiento del producto.

VER PARA CREER

	Hombre	**Mujer**
Las luces están encendidas	En cuatro áreas específicas en el hemisferio derecho, y en dos áreas secundarias en el hemisferio izquierdo.	En un área difusa a la derecha, y un área difusa a la izquierda.
Rasgos	Mayor aptitud para la geometría.	Menor aptitud para la geometría.
	Mejor para la navegación.	Gira los mapas para navegar.
	Resuelve problemas matemáticos de una manera no verbal.	Habla mientras resuelve un problema matemático.
	Se inclina por el ojo izquierdo cuando lleva a cabo funciones espaciales.	Usa ambos ojos cuando lleva a cabo funciones espaciales.
Diferencias marcadas	Mejor para estacionarse de forma paralela.	Toma más tiempo para estacionarse paralelamente.

	Sesenta y ocho por ciento puede programar una videograbadora en el primer intento.	Dieciséis por ciento puede programar una videograbadora en el primer intento.
	Ve un objeto y piensa: *¿dónde está, adónde va y qué tan rápido se está moviendo?*	Ve un objeto y piensa: *¿qué es eso y qué relación guarda conmigo?*
Visión	Visión en forma de túnel (corto alcance) con mejor profundidad y perspectiva.	Amplia visión periférica; lo capta todo.
	Prefiere el blanco, azul, gris y plateado.	Capta una variedad más amplia de colores y matices.
	Visualiza en tercera dimensión.	Mejor memoria visual.
	Mejor visión en condiciones de luz brillante.	Mejor visión nocturna.
	Piensa en las cosas como un rayo láser.	Piensa como un faro.

Armado con la visión sobre cómo apuntar al ojo de tu espectador, puedes usar estas preferencias innatas de ambos géneros para despertar el interés de tus clientes. Luego, al incorporar los cuatro sentidos restantes de los que hablaremos en el siguiente capítulo, podrás despertar la emoción para conectar a X y a Y con tu producto o servicio.

PONGAMOS EN PRÁCTICA LA VISIÓN INTELIGENTE

X: Las mujeres se sienten atraídas por el rostro humano. Ellas prefieren la textura y la riqueza en el color. Cuando diseñes un anuncio para captar la atención de ella, usa especialmente ricas tonalidades de los colores rojo, naranja, verde y beige. Las mujeres son más sensibles a estos matices. Añádele un toque de textura y las mujeres no podrán resistirse. Cuando le estés vendiendo a un mujer, asegúrale que tu producto o servicio funciona. Demuéstralo apropiadamente, y siempre ofrécele planes de instalación y servicio que aseguren que su compra va a facilitar la vida de ella y de quienes comparten su nido.

Y: Los objetos moviéndose en un espacio son golosinas para el cerebro masculino. Cuando posiciones tus productos o anuncios en la Internet o en una tienda, colócalos en un campo visual obvio y luego haz que estos se muevan. El ojo de Y los va a encontrar. Cuando le estés vendiendo a un hombre, discute cómo funciona tu producto o servicio. Discute la ingeniería y el diseño superior, pues ambos son temas cautivantes para el cerebro masculino.

(La respuesta a la pregunta de razonamiento espacial en la página 75 es A.)

6

SENTIDO Y SENSIBILIDAD

Él es más sensorial, y ella es más sensible.

Imagina que es una húmeda mañana de noviembre en 1994, y estás caminando por las calles de la ciudad de Nueva York. Un joven te entrega una taza de café y te dice: «¿Querrías probarlo y darme tu opinión?» La tibieza de la taza descongela la punta de tus dedos mientras aspiras el rico aroma del café. Tan pronto el delicioso líquido baja por tu garganta, la neblina de tu mente comienza a disiparse. Sonríes y le dices al investigador de mercado que realmente ha dado en el blanco.

—¡Fabuloso! —contesta—. En tres meses vamos a abrir un café en esta esquina. ¿Con cuánta frecuencia crees que pararás camino a la oficina para comprar una taza de café por cuatro dólares?

—¡Cuatro dólares! ¡Tienes que estar bromeando! —respondes y sigues tu camino mientras tu cerebro ejecutivo lógico continúa procesando la información. *¿Qué está fumando este tipo? ¿Cuatro dólares por una taza de café cuando puedo tomarme una gratis en siete minutos cuando llegue al salón de descanso de la compañía?*

Afortunadamente para Starbucks, su receta para el éxito no depende sólo de las conclusiones lógicas del cerebro ejecutivo. Su estrategia apela a todos tus sentidos. Han diseñado sus tiendas para ser tu «tercer lugar» de reunión social. Con la comodidad de tu casa y la oportunidad para trabajar sin que te molesten, Starbucks provee un lugar bonito y acogedor para relajarte o trabajar, o para relajarte mientras trabajas. Mientras te relajas con la música de fondo, tu cerebro es estimulado por el olor, el gusto y el tacto del rico y tibio café expreso. Y en unos segundos luego del primer sorbo de café, experimentas la placentera sensación del poderoso, pero legal estimulante: la cafeína. La experiencia de Starbucks penetra todos nuestros sentidos. De este modo, es una receta que supera siempre a nuestro sentido común.

Michael Moe, autor de *Finding the Next Starbucks: How to Identify and Invest in the Hot Stocks of Tomorrow* [Descubre el próximo Starbucks: Cómo identificar e invertir en las acciones de mayor demanda del mañana], atribuye el enorme crecimiento de Starbucks de $220 millones en 1992 a $23 mil millones en julio de 2007 a sus cuatro «P» para las compañías superestrellas del futuro: excelentes *personas*, calidad en el *producto*, enorme *potencialidad* y *previsibilidad*.[1] Yo añado una quinta «P» a la ecuación: *penetrar* —la habilidad para llegar a los cinco sentidos de tus clientes.

Toda nueva idea, conversación, obstáculo en la carretera o cielo azul por delante llega a tu cerebro a través de tus cinco sentidos. Luego, el cerebro procesa la información por medio de patrones para que así puedas predecir los resultados. No obstante, como aprendimos en el capítulo 2, si el resultado predicho es insignificante, el cerebro no se molesta en formar un recuerdo. Hemos sido bendecidos con cerebros que naturalmente quieren ahorrar espacio en el «disco duro» para información y recuerdos que son críticos para nuestra supervivencia.

Hoy día, el adulto promedio es expuesto diariamente a 294 anuncios publicitarios en la televisión. Añade a esta cuenta la asombrosa cantidad de anuncios impresos, vallas publicitarias y la propaganda de despliegue automático en la Internet que confrontas todos los días, y entonces puedes apreciar la función de selección de tu cerebro. Es un vigilante tan eficaz que un estudio realizado por la agencia CAB/Nielsen en abril del 2000 reveló que según se dispara la cantidad de mensajes publicitarios, el recuerdo de esos anuncios se desploma —estimando que sólo un diez a un veinte por ciento de los anuncios produce un breve reconocimiento de la marca.[2]

Aunque el ochenta y tres por ciento de todo el contacto comercial es visual, los encargados de mercadeo están explorando el uso de los otros cuatro sentidos para captar la exigente atención de sus clientes potenciales.[3] Ahora que entiendes las diferencias en la forma en que los hombres y las mujeres ven al mundo, examinemos los otros cuatro sentidos y cómo apuntar a tus clientes potenciales masculinos y femeninos de un modo sensorial y sensible.

LA NARIZ SABE

Lee el primer escenario a continuación. Cierra los ojos por lo menos quince segundos e imagina realmente la escena. Luego, repite el proceso mientras imaginas las otras situaciones:

1. Tu abuelita sacando del horno su pastel de manzana hecho en casa.
2. Palomitas de maíz reventando en tu dormitorio universitario.
3. Estás entrando en una panadería que se especializa en pan de maíz.
4. Estás bañando a tu perro luego que este se revolcó sobre un animal muerto.
5. Estás encendiendo la calefacción por primera vez en el año.
6. Estás abriendo el congelador de carnes luego de regresar de vacaciones, sólo para darte cuenta que no has tenido electricidad por algunos días.

Cuando pensaste en la palomitas de maíz reventando, ¿recordaste el olor a mantequilla que te entretuvo de tus estudios y te llevó a la habitación de tu vecino, o recordaste la ocasión cuando reventaron unos treinta segundos de más y por semanas tu dormitorio olió a cabello quemado?

Aunque el ochenta y tres por ciento del estímulo comercial nos llega a través de los ojos, el olor es el «gatillo» más poderoso para desencadenar las emociones. «Setenta y cinco por ciento de las emociones que producimos diariamente son afectadas por el olfato», dice Martin Lindstrom, coautor de *Convierta su marca en una experiencia de cinco sentidos.* «Después de la vista», comenta Lindstrom, «es el sentido más importante que tenemos».[4]

Aun si estás tratando de recordar el pasado, tu nariz es una mejor guía que tus ojos. De acuerdo con el Instituto del Sentido de Olfato, la gente puede recordar olores con un sesenta y cinco por ciento de certeza luego de un año, mientras que el recuerdo visual de fotos baja hasta cerca de un cincuenta por ciento luego de sólo tres meses.[5]

El conocimiento de estos datos científicos ha incitado a los manufactureros a incorporar olores en sus marcas. Y aunque es de esperar que tiendas como Bath & Body Works y Ralph Lauren tengan un aroma particular, tiendas de productos tecnológicos como Samsung y Sony han desarrollado sus propios aromas, esperando atraer a los clientes a entrar en sus tiendas. Estas compañías de tecnología esperan que, una vez allí, los clientes seducidos a entrar por estos atrayentes aromas se queden un tiempo más o posiblemente salgan con una nueva computadora portátil de $1,500 dólares.

La investigación huele muy prometedora. Xiuping Li, un investigador de la Universidad Nacional de Singapur, descubrió que las mujeres en un cuarto con una vela escondida con fragancia a galleta de chocolate tenían más probabilidad de comprar un suéter que las mujeres en un cuarto con una vela sin olor (sesenta y siete por ciento contra un diecisiete por ciento).[6]

La vainilla parece también impulsar a las mujeres a la caja registradora. El Dr. Eric Spangenberg, decano de la Escuela de Administración y Economía de la Universidad Estatal de Washington, diseminó un delicado olor a vainilla en el departamento de damas de una tienda de ropa. Las ventas casi se duplicaron en los días de su estudio al compararlo con los días sin el aroma a vainilla.

Preguntándose si lo que era bueno para la gansa también es bueno para el ganso, llevó a cabo exactamente la misma prueba en el departamento para caballeros en la misma tienda de ropa en la costa del pacífico noroeste. El aroma a vainilla mantuvo la billetera de los hombres en sus bolsillos, y las ventas declinaron más abajo del promedio. Con el conocimiento de que los hombres realmente prefieren el olor a rosa marroquí, con su fragancia a especias y miel, diseminó el aroma en el área de compras. Cuando examinó la cinta de la caja registradora durante los días de la infusión de rosa marroquí, descubrió un aumento en ventas de casi un cincuenta por ciento.[7]

Los investigadores han sabido por mucho tiempo que las mujeres son más sensibles que los hombres a todos los aromas. Pero recientemente también han descubierto diferencias en las preferencias de olores. Mientras que los hombres no se percatan del olor a Exaltolide —un aroma similar al almizcle— las mujeres, por su parte, son extremadamente sensibles a este olor. El sándalo, que es un aroma a mezcla de madera y almizcle, tiene una puntuación muy alta cuando se trata de sensualidad entre las mujeres de Estados Unidos.

UN TOQUE AGRADABLE

Yo quiero muchísimo a Scott, mi asesor financiero personal. Phil y yo hemos trabajado con él por más de cinco años con excelentes resultados. Pero nuestra relación comenzó con el pie izquierdo. Cuando nos presentaron la primera vez, extendí mi mano, pero la idea de Scott de un firme apretón de manos paralizó temporalmente mi mano derecha, mientras que también luchaba por no soltar lágrimas de dolor. Me encantaría poder decir que esta es la única vez que el saludo bien intencionado de un hombre me ha provocado dolor y por consiguiente, el deseo de evitar cualquier contacto futuro con él.

Esto no es astronáutica —las manos de la mayoría de las mujeres son más pequeñas y tienen una estructura ósea más delicada que las de los hombres. Acompañado del hecho de que la piel de la mujer es por lo menos diez veces más sensible que la del hombre, y que ella puede llevar una sortija en su mano derecha, no es de sorprender que los hombres tengan la potencialidad de causar un dolor insoportable con un bien intencionado saludo.[8] A mis lectores varones, quiero que lleven a cabo hoy un pequeño estudio de mercado. Busca a tres mujeres en las que confíes, y salúdalas con un apretón de manos. Pídeles que califiquen tu saludo. Quieres que sea firme, pero amistoso.

Y para mis lectoras, si conoces a un hombre cuyo apretón de manos es demasiado entusiasta, déjaselo saber. Mientras estaba presa del agobiante apretón de Scott, le dije: «¡Ay, amigo! Su apretón de manos es demasiado fuerte para mí. Empecemos otra vez». Una vez le mostré la marca temporal de mi sortija y le expliqué el dolor que sentía, él se disculpó. Otra vez nos dimos la mano, y lo halagué por su recién descubierto saludo. Él me lo agradeció, y ha visto un incremento en sus clientas femeninas.

PRÉSTAME TU OÍDO

Desde su nacimiento, las mujeres son más sensibles a los sonidos que los hombres. Múltiples estudios han confirmado que la audición de las bebés recién nacidas es substancialmente más sensibles que la de los bebés recién nacidos, especialmente en el rango de los 1,000 – 4,000 hercios, lo que es importante para la distinción en el habla. Esta diferencia continúa acentuándose a medida que los infantes se convierten en adolescentes.[9] Y las mujeres adultas son más sensibles al sonido, y especialmente al tono de voz.

Es posible que las mujeres tengan que bajar su tono de voz y hablar más alto de lo que les resulta cómodo para que los hombres las oigan bien. Y los hombres necesitan entender que sus voces parecen más fuertes —lo que a veces se puede traducir en más agresivas— para sus clientas femeninas.

Aunque las mujeres son más sensibles al sonido, sería negligente no mencionar la importancia de la música tanto para el cerebro masculino como para el femenino. El cerebro ama la música. En su libro *This Is Your Brain in Music: The Science of Human Obssesion* [Este es tu cerebro en música: La ciencia de la obsesión humana], Daniel J. Levin argumenta convincentemente que la música es una obsesión humana, tan fundamental para nosotros como el lenguaje. La música facilita el que tus sinapsis «se disparen y se enlacen al mismo tiempo» para formar una memoria que de otra manera no sería almacenada. De aquí que no puedas sacar de tu cabeza esa revoltosa tonadilla publicitaria.

Mientras escribo este libro, mi hija menor está en el cuarto grado de primaria. El mes pasado entró corriendo a la casa luego de bajarse del autobús escolar y me dijo: «Mamá, escucha lo que aprendí hoy». Y siguiendo la melodía de la canción «Oh, mi querida Clementine», Caroline cantó: «Condensaaación, evaporaaación, precipitaaación en mi mente. Esto es sólo el ci-clo del aaa-gua, y ocuu-rre siempre».

Ahora bien, esa es una idea genial. De aquí a siete años, cuando Caroline esté tomando su prueba SAT para ingresar a la universidad, tal vez le pidan que identifique el ciclo del agua. La canción que aprendió en cuarto grado va a repetirse en su mente y, con algo de suerte, va a conectar todos los demás datos que almacenó sobre el ciclo del agua. Mucho de lo que aprendemos en la escuela son datos. Y el cerebro piensa que los datos son aburridos. Muchas maestras usan la técnica de repetir y espaciar para que el cerebro de los chicos almacene y recuerde las cosas aburridas.

No obstante, la maestra inteligente usará acertijos —y tal vez la música es el más poderoso— para ayudar a sus estudiantes a almacenar un dato en la memoria. Los comerciantes inteligentes deben entender que a muchas personas que oyen sus mensajes sencillamente no les interesan los datos o las funciones de sus productos. Usa música para que tu mensaje quede grabado y la marca de tu producto se mantenga fresca en la mente de tus clientes.

ES CUESTIÓN DE GUSTO

A estas alturas ya has entendido que las mujeres son un sexo sensible. No es de sorprender, que ellas también tengan una realzada sensibilidad al gusto para complementar sus otros agudos sentidos. Tiene sentido que la descripción de trabajo de nuestras antepasadas incluyera probar raíces y frutas para verificar si estaban maduras y dulces, y especialmente, si no eran venenosas antes de recolectarlas para el clan.

El hecho de que las mujeres prefieran los sabores dulces y azucarados no ha pasado desapercibido a los fabricantes de chocolates, mientras que los productores de cerveza y bocaditos tienen como objetivo la preferencia masculina por los sabores salados y amargos. Cuando vayas a seleccionar el menú para tu próxima cena con clientes, escoge uno con variedad de platos principales, porque la emoción que él siente por el picante plato al estilo «cajún» puede ser demasiado condimentado para el paladar de ella. Y no te ofendas si él rocía tu plato de pescado favorito con salsa Tabasco. A algunas personas —particularmente los hombres— les gusta picante.

EL SEXTO SENTIDO: LA INTUICIÓN

> *«La toma de decisiones realmente exitosa depende del balance entre el pensamiento deliberado y el intuitivo».*
>
> —DE *BLINK* POR MALCOLM GLADWELL

La intuición ha sido tratada injustamente en la era de la información. Con frecuencia percibida como engaño, lectura de pensamiento o «esa cosa de mujeres», la intuición es un reconocimiento o aprensión inmediata de la mente, sin un razonamiento cognitivo. En los negocios la descartamos a cambio de datos explícitos, razonamiento o análisis. Pero ¿acaso no te gustaría leer las mentes de tus clientes, competidores, clientes potenciales millonarios e inversionistas? ¿No sería fantástico si pudieras acortar el tiempo necesario para tomar decisiones? En algunos casos, puedes hacerlo. La intuición está sana y salva, y vive justo debajo de tu mente consciente, lista para advertirte del peligro y llevarte a la respuesta correcta en cuestión de segundos.

Con frecuencia describimos los sentimientos intuitivos de la siguiente manera:

> «Ese informe me dejó un mal sabor en la boca».
> «Él provoca que se me pongan los pelos de punta».
> «Tengo un presentimiento; ¡hagámoslo!»
> «No puedo precisar qué es, pero esto sencillamente me huele mal».
> «Simplemente no suena bien».

Todo nos llega a través de nuestros sentidos. Luego nuestros cerebros procesan la información por medio de patrones para que así podamos predecir los resultados. La intuición es ese presentimiento inmediato (lo siento, no es concreto; no puedes manipularlo en una hoja de cálculo o ponerlo en una ingeniosa gráfica) provocado por algo en el ambiente que tu mente inconsciente reconoce como importante. «Hola», dice la intuición, «estoy tratando de ayudar». Tu mente inconsciente te está tratando de decir algo. Siéntate y toma nota.

DE ACUERDO, TAL VEZ SÍ ES UNA COSA DE MUJERES

Si eres un experto, intercambiar algunas racionalizaciones angustiantes por tu corazonada intuitiva puede ahorrarte tiempo y dolores de cabeza. Pero cuando se trata de «leer a la gente» intuitivamente, las mujeres son expertas.

De acuerdo con Helen Fisher, profesora de antropología de la Universidad Rutgers y reconocida experta en las diferencias entre los géneros, las mujeres son mejores en descifrar los tonos de voz y el lenguaje corporal, son más intuitivas y demuestran más empatía. Con la excepción de la visión a larga distancia, los sentidos de las mujeres son mejores. Esta susceptibilidad equivale a excelentes destrezas para «leer la mente». Fisher explicó: «Las extraordinarias destrezas de las mujeres para tratar con las personas se desarrollaron como resultado de cuidar y responder a los bebés durante cientos de miles de años».[10]

En 1997, el neurólogo Davis Skuse del Instituto para la Salud Infantil en Londres, descubrió que un gen o grupo de genes en el cromosoma X influye el desarrollo de la corteza prefrontal, que es la porción del cerebro que controla el pensamiento superior. Este gen o grupo de genes, silenciado en todos los hombres y activo en el cincuenta por ciento de las mujeres, les da a estas mujeres una aguda habilidad para integrar y descifrar sutilezas sociales.[11] Así que lo que el poeta Kipling afirmó una vez es, después de todo, ocasionalmente cierto: «La suposición de una mujer es mucho más precisa que la certeza de un hombre».[12]

Si eres una mujer con buenos presentimientos intuitivos y que puede descifrar un salón lleno de gente, colectiva e individualmente, confía en tu instinto y expresa lo que piensas. Si eres un ejecutivo, reconoce el talento de ella e involucra a este tipo de mujer en presentaciones de ventas y negociaciones importantes. Cuando el resto del equipo está pensando: *Estamos dando en el blanco con esta presentación*, ella está leyendo el lenguaje corporal del director financiero diciendo «esto-no-me-convence» y percatándose de cómo la jefa de servicios de información tiene los ojos en blanco.

HAGAMOS QUE TODO TENGA SENTIDO

	Hombre	Mujer
Intuición	Este ADN está apagado en todos los hombres.	El cincuenta por ciento tiene «encendido» un ADN que realza aún más sus destrezas intuitivas.
Audición	Preferencia por el oído derecho.	Igual audición en ambos oídos. Mejor audición general.
Tacto	Piel insensible.	Piel muy sensible.
	Respuesta más lenta al dolor.	Respuesta más rápida al dolor.
	Menos sensibilidad al dolor.	Mayor sensibilidad al dolor.
	Menor capacidad para lidiar con el dolor crónico.	Mayor capacidad para lidiar con el dolor crónico.
Gusto	Le gustan los sabores salados.	Le gustan los sabores dulces y delicados.
Olfato	Menos sensible. El aroma a rosa marroquí provoca aumento en ventas.	Más sensible a todos los olores. Los aromas a vainilla y a galletas de chocolate aumentan las ventas.

PONGAMOS EN PRÁCTICA LOS OTROS CUATRO SENTIDOS

X: Cuando tus clientes objetivos son las mujeres, prende esa vela, especialmente si arroja un aroma a vainilla o a galleta de chocolate. Las mujeres parecen gastar más dinero con esos olores en sus fosas nasales. Y hablando de dulce —si vendes o sirves comida a clientas, sería negligente no incluir dulces en tus ofrecimientos. Su sentido del gusto se antoja de estos sabores más que de cualquier otro. En otras palabras, es muy probable que no vendas esas bolsas de *pretzels* cerca de la caja registradora a menos que estén cubiertos con chocolate.

Coloca un plato con chocolates cerca de tu producto más popular, y las mujeres se quedarán cerca por más tiempo. Y cuando cierres un trato con una mujer, no le des un apretón de alicate en su mano derecha. Su piel y su estructura ósea altamente sensible le van a decir que nunca más te dé un apretón de manos.

Y: Como el ADN de la intuición está «apagado» en los hombres, tienes que apelar directamente a sus sentidos cuando quieres venderles. Su sentido del tacto no se compara con el altamente realzado de las mujeres, así que puedes apretar su mano firmemente, sin ninguna vacilación. Si tocas música en tu tienda, y sólo sirves a hombres, puedes subir el volumen de la música de fondo. La audición de los hombres no es tan sensible como la de las mujeres, y sin llegar a la estridencia, a ellos probablemente no les importa mucho (aunque sí tienes que conocer el tipo de música que tus clientes prefieren). Si les estás vendiendo comida a clientes potenciales o sirviendo a clientes existentes, recuerda que los hombres prefieren lo salado, y con frecuencia, lo picante también. Pero ni siquiera te molestes en tratar de cautivar a tu cliente con una vela que huela bien en el fondo de la tienda. No funcionará a menos que la vela huela a rosa marroquí. De otra manera, no debes arriesgarte a incendiar el almacén, ya que algunos aromas en tu tienda pueden realmente entorpecer las ventas.

7

DALES UN TEMA DE CONVERSACIÓN

Él da directrices; ella busca consenso.

Las mujeres conceden a los hombres la medalla por estacionarse paralelamente, pero ellas van a ganar la cinta azul por siempre tener algo que decir. Mientras que la cacería requería silencio, la recolectora estaba en constante comunicación con los hijos, los ancianos y las otras mujeres en el campamento. ¿El resultado? Las mujeres sobresalen en las comunicaciones verbales y escritas. Y esto es evidente tanto en las preferencias de productos como en los estilos de comunicación.

Cantidad de palabras y señales de comunicación en un día promedio:

HOMBRES	MUJERES
7,000	20,000

EL DON DE LA CHARLA

Aunque las mujeres han desarrollado sus destrezas verbales a través de miles de años de uso regular, ellas también son comunicadoras innatas. Mientras que los hombres tienen más de un área específica en el cerebro para las actividades espaciales, las mujeres tienen por lo menos dos áreas específicas para el habla y el lenguaje en *cada* lado de sus cerebros. Esto explica por qué ocho mujeres pueden entablar conversaciones simultáneas de cuatro temas diferentes sin perderse nada. Los hombres, que no tienen áreas múltiples para el habla y el lenguaje, interpretan las conversaciones simultáneas como parloteo sin sentido o ruido de la multitud.

Tu clienta considerará estimulante la conversación en una cena de negocios si esta va de sus vacaciones en la playa, a la selección universitaria de su hija, al informe financiero mensual de su departamento, a la próxima boda de su hijo, lo que regresa la conversación a sus vacaciones en la playa porque su hijo va a ir a Hawai para su luna de miel. Tu cliente muy probablemente encuentra esta conversación frívola —hasta innecesaria— porque estos temas no guardan ninguna relación en su mente y ciertamente no tienen nada que ver con los negocios a tratar.

Todo vendedor debe cimentar relaciones de confianza con sus clientes potenciales para llegar a ser un asesor confiable y no sólo un vendedor. El primer paso en este proceso es establecer un nivel de comunicación entre tu cliente y tú en el que ambos se sientan a gusto. Tu tarea es crear esa seguridad adaptándote al estilo de comunicación de *tus clientes*, no presionarlos a que ellos se adapten al *tuyo*. Con ella, puedes moverte fácilmente entre varios tópicos, resaltando cómo cada uno de ellos se relaciona con ella. Con él, mantente en el tema —el producto, el servicio o el asunto que estén tratando— y termina ese tópico antes de pasar al siguiente. Lo que sigue a continuación son las diferencias más importantes en la manera de comunicarse de los hombres y las mujeres, y cómo puedes mercadear y venderles más efectivamente comunicándote en el estilo que él o ella prefiere.

LAS MUJERES RESPONDEN A LAS PALABRAS, LOS HOMBRES A LAS ILUSTRACIONES

La industria de las novelas de romance ficción —con ventas que alcanzan los $1.2 mil millones de dólares— es responsable del cincuenta y cinco por ciento de las ventas totales en la categoría de ficción en el mercado masivo. ¿Y quiénes están leyendo esas novelas románticas? ¡Las mujeres! Esas historias de amor están repletas de sensualidad, peligro, misterio y violencia. El material erótico paranormal que presenta a vampiros melancólicos que empalan a la heroína y le chupan la sangre es el género romántico de más rápido crecimiento.

¿Te sorprende? La sociedad juzga rápidamente a la industria de $1 mil millón de dólares de revistas para hombres como inmoral, por no decir descaradamente pervertida. Pero no importa cuál sea tu postura moral, *Maxim* y *Playboy* son para los hombres lo que las novelas románticas son para las mujeres. Tanto los hombres *como* las mujeres tienen profundos y primitivos deseos por estímulo sexual. Pero las mujeres, con su innata preferencia por las palabras y las emociones, se inclina por las palabras estimulantes para despertar su deseo. Los hombres, quienes están «cableados» para el estímulo visual, prefieren las fotografías.

No estoy recomendando el uso de vampiros o de historias apasionadas en tu publicidad para provocar el interés de tus clientas, ni fotos de mujeres con escasa vestimenta para hacer que los hombres compren tu producto, aunque pienso que está claro por qué estas estrategias funcionan. El punto es que las mujeres escriben y leen la mayoría de las novelas románticas y el material erótico. Sin embargo, una revista con fotos de hombres desnudos nunca ha tenido mucho éxito entre las mujeres. Si quieres captar la atención de las mujeres y sacudir sus emociones, utiliza su estímulo emocional favorito: palabras e historias. Con los hombres, coloca una vívida ilustración.

LAS INTERRUPCIONES, LAS PREGUNTAS, ASENTIR CON LA CABEZA Y LAS BROMAS CREAN CHOQUES ENTRE LOS GÉNEROS

De la misma manera que un mal cálculo en el movimiento del otro conductor puede terminar en una colisión menor, malinterpretar el estilo de comunicación del sexo opuesto puede llevar a choques entre los géneros. Al comunicarte con el sexo opuesto, la regla dorada *no* aplica. En su lugar, trátales como *ellos* o *ellas* prefieren que les trates.

Ventas interrumpidas

Los hombres perciben la comunicación como una manera de solucionar un problema, e interrumpen sólo para introducir nueva información, cambiar de tema o para discrepar —todas formas de agresión. Las mujeres hablan para establecer vínculos y ganar consenso; ellas interrumpen para apoyar, estar de acuerdo o aclarar —todas formas de empatía.

Las vendedoras pueden mejorar los resultados cara-a-cara sencillamente resistiendo el impulso de interrumpir para mostrar apoyo cuando escuchan a un hombre. La interrupción —aunque con la intención de ser un acto de apoyo— va a tener un efecto contraproducente pues él la va a interpretar, en el mejor de los casos, como una grosería, y en el peor, como agresividad. Recuerda, él no tiene cuatro áreas separadas para «pausar» un pensamiento, ir a otro y regresar al pensamiento original.

Cuando una sencilla pregunta puede echar a perder la venta

Una mujer hace preguntas para buscar consejo, para hacer una conexión o para fortalecer el compromiso con una idea de la otra persona. Muchas veces ella ya tiene una firme opinión, pero está recopilando información para ganar consenso. Compara eso con un hombre que hace un pregunta por una razón fundamental: obtener una respuesta. Espera más preguntas de una mujer en el proceso de venta y de mercadeo. A ella le gusta buscar la ayuda de expertos de confianza. Hombres, por favor entiendan que sólo porque ella quiere la opinión de ustedes no significa que no tenga una propia.

Asentir con la cabeza

Observa a un grupo de mujeres hablando. Ellas parecen el grupo de seres humanos más tolerante que jamás haya existido, cada una asintiendo con la cabeza mientras las otras se expresan. O por lo menos eso piensas. Cuando una mujer asiente con la cabeza, *no* significa que esté de acuerdo. Significa que ella reconoce tu punto y que puedes continuar expresando tus pensamientos. Te está dando el permiso para que sigas hablando.

¿Qué ocurre cuando ya no está asintiendo con la cabeza? Ya te pasaste por treinta segundos de tu tiempo asignado, y ya eres un grosero. He aquí la manera en que puedes recuperarte. Para los hombres este podría ser el consejo más importante en todo el libro —un consejo que le puede ayudar a tener más éxito en las ventas, en el mercadeo... y en las relaciones. Tan pronto te des cuenta de que tu clienta potencial ha dejado de asentir con la cabeza, dile: «Ya basta de expresar mis pensamientos; quiero escuchar qué *usted* siente sobre esto». Luego, haz silencio y escucha lo que ella revela.

Asentir con la cabeza de manera constante no es una conspiración femenina para enviar mensajes mixtos a los hombres. La complejidad en la comunicación es lo que separa al ser humano de todas las demás especies. Y siempre ha sido la tarea de la mujer enseñar a hablar a los niños y a las niñas. Sin embargo, escucha a un(a) niño(a) tratando de expresarse —le puede tomar minutos completar un pensamiento. Una madre anima constantemente a su hijo(a) a hablar, y asiente pacientemente sea que el niño hable con sentido o no lo haga. Las mujeres están equipadas para alentar a otros a continuar comunicándose mientras ellas asienten con la cabeza.

A mis lectoras, tomen nota. Si asientes con la cabeza frecuentemente, y la mayoría de las mujeres lo hace, evítalo mientras hablas con un cliente potencial a menos que estés de acuerdo con lo que él dice. No quieres ser malinterpretada como que estás apoyando y luego desaprobar verbalmente. Esta es la esencia de un mensaje mixto. Una mujer asiente de una manera no verbal, y luego desaprueba verbalmente, y el hombre entonces piensa o que ella tiene problemas para tomar decisiones, o peor aún, que le está tendiendo una trampa y que no es de fiar.

Y ustedes hombres, deben recordar que sólo porque una mujer esté asintiendo con la cabeza no significa que esté lista para cerrar el trato. El entrenamiento de ventas de la «vieja escuela» nos enseñó a apurarnos cuando el cliente indica que está listo para cerrar un trato. Hombres, en lugar de presionar la venta cuando ella asiente con la cabeza, debes preguntar: «¿Puede ver cómo la implementación de nuestra solución va a proveerle a su departamento la efectividad que usted necesita para alcanzar sus objetivos estratégicos?» La pregunta (o cualquier otra parecida) requiere una aclaración verbal de sus pensamientos. La mitad de las veces, la respuesta de ella no se va a alinear con la ecuación «asentir = sí».

Más allá de los «tal vez» y los malos entendidos

La forma en que una mujer se comunica puede confundir a un hombre. Ella asiente con la cabeza cuando pudiera no estar de acuerdo, hace preguntas cuando sabe la respuesta e interrumpe una conversación con su historia para establecer un vínculo. Pero cuando ella dice: «Voy a pensarlo», ¿adivina qué? Realmente va a pensarlo. Compara esto con tu cliente potencial masculino, que es muy probable que te ofrezca un «tal vez» como su versión de un cortés no.

En un escenario de ventas con una mujer que ha dicho que va a pensarlo, pregúntale si hay alguna información adicional que puedas ofrecerle y cuándo puedes darle seguimiento. Luego, provee la información que la ayudará en su proceso de toma de decisión, y mientras ella se toma el tiempo para decidir, envíale una nota amable o una referencia de alguien que te hizo recordarla. Usa la temporada del «tal vez» para fortalecer tu relación con ella.

Cuando un cliente masculino te dice que quiere pensar acerca de tu servicio, tienes que calificar su comentario como una objeción. Tu trabajo entonces es descubrir la verdadera objeción para así superarla y mantener la atención del cliente potencial. Tal vez quieras simplemente decirle que sea franco y directo contigo (recuerda, un buen nivel de comunicación es fundamental para tu éxito). Eliminar la diplomacia del ambiente no sólo le permitirá a él relajarse, sino que te permitirá llegar al fondo de su objeción y atenderla con precisión.

Bromas y sobrenombres

El rol de la mujer como la maestra principal y la consoladora de los hijos fomenta otra diferencia en la comunicación con la que debes tener cautela cuando quieres vender o mercadear a él o a ella. Los hombres establecen vínculos bromeando, burlándose y usando apodos despectivos. Las mujeres no lo hacen y nunca lo harán.

Phil y yo invitamos a la casa a algunos amigos para ver el Fiesta Bowl. Tan pronto Claude entró por la puerta, le dio a Phil un puño amistoso en la barriga y le dijo: «Oye, parece que has estado disfrutando unas cuantas cervezas durante los días festivos, ¿verdad?»

«¡Ya me conoces, viejo! Vamos a lanzar algunas bolas en la canasta», contestó Phil. «¡Todavía puedo ganarte!»

¿Puedes imaginar mi reacción si Dorie, la esposa de Claude, me hubiera mirado la cintura y saludado con un «¡Oyee! ¡A la verdad que te has estado disfrutando mucho esas galletitas navideñas en este año!» Probablemente se habría quedado sola frente a la televisión y el Fiesta Bowl.

Los anuncios publicitarios que presentan a hombres bromeando entre sí venden cervezas, desodorantes y cremas de afeitar. Usar estas tácticas con mujeres es el beso de la muerte tanto en la publicidad como en las ventas cara a cara.

¿Por qué? Recuerda que dijimos antes que la vida de la mujer es más fácil cuando no hay codos raspados *ni* egos lastimados.

Esta parece ser una regla no escrita para él: los hombres que se conocen bien y se respetan inmensamente bromean para crear vínculos. Pero no importa lo bien que un vendedor conozca y respete a una mujer, usar sobrenombres demasiado cursi (p. ej., «Rubia») usualmente va a tener un efecto contraproducente. De igual manera, este es un club para chicos al que las chicas no *deben* tratar de unirse. Una mujer que intenta crear vínculos con un hombre bromeando o poniéndole un apodo cariñosamente despectivo romperá las reglas no escritas y perderá el respeto de él en lugar de ganarse su confianza.

Criticar al competidor no funciona con ella

Si bien es cierto que una mujer tolerará, aunque no entienda, a dos hombres creando vínculos por medio de las burlas y las bromas, ella no soportará que un vendedor insulte o critique a la competencia. Si decides criticar a un competidor —ya sea tuyo o de ella— perderás más credibilidad que el rival al que estás criticando. Sin embargo, una comparación justa sí es bien recibida. De hecho, puedes ganarte la confianza de ella reconociendo las fortalezas de un competidor mientras argumentas a favor del porqué tus servicios son una mejor solución.

Como explicamos en el capítulo 2, ella va a hacer su tarea y a evaluar sus opciones. Comunicar una comparación justa es hablar en su idioma y demuestra que valoras su tiempo y su inteligencia. El diálogo simple funcionará de maravilla para ganarte un lugar como su asesor de confianza.

LOS HOMBRES ENFRENTAN AL MUNDO HOMBRO CON HOMBRO

Con sólo veintisiete segundos por jugar en la primera mitad, están en el cuarto *down* y a sólo pulgadas del gol, y tu equipo, que está perdiendo por cuatro puntos, va a completar la jugada. Entonces, el jugador deja caer el balón, y el otro equipo lo recupera y corre las noventa y ocho yardas para apuntar. Cabizbajos, los jugadores salen del campo de juego. ¿Qué está haciendo el entrenador? Gritándoles en la cara. Este es un momento de confrontación y no de camaradería.

Pero cuando tu equipo regresa al campo de juego luego del intermedio, es una escena diferente. El mariscal de campo y el entrenador están parados hombro con hombro, revisando las estrategias y mirando juntos hacia el campo de juego. La meta del equipo es ganar el partido en el campo

—allí ellos fomentan líneas de comunicación francas y abiertas para que así cada jugador sea preciso y todas las jugadas estén «en sintonía». Cuando están discutiendo la estrategia para el éxito, con frecuencia los jugadores y los entrenadores se paran uno al lado del otro, mirando el campo de juego; o en un círculo, mirando a la pizarra donde el entrenador les presenta las jugadas. En todos los casos, ellos están parados hombro con hombro, no cara a cara. En contraste, cuando alguien daña el plan —o se le cae el balón— y hay una preocupación menos urgente por los sentimientos y las buenas relaciones, la conversación se vuelve agresiva, y los hombres se confrontan cara a cara.

En lo que respecta a la comunicación en las ventas y el mercadeo, el punto es este: los hombres se sienten más incómodos que las mujeres con el contacto visual directo, y preferirán que no te sientes o te pares directamente en frente de ellos. En cambio, sentirse cómodas con el contacto visual directo es algo innato en los cerebros femeninos. Tal como dijimos anteriormente, veinticuatro horas luego de su nacimiento, una niña recién nacida prefiere mirar a un rostro humano, mientras que un niño recién nacido prefiere mirar un móvil. La testosterona parece ser el factor decisivo en la distinción.

El Dr. Simon Baron-Cohen, psicólogo de la Universidad de Cambridge, grabó a niños y niñas jugando, y midió la cantidad de contacto visual que hicieron con sus madres, las cuales habían pasado por el proceso de amniocéntesis durante el embarazo. Mientras mayores los niveles de testosterona —medida durante la amniocentesis— a la que los niños y las niñas habían sido expuestos en el vientre, menor la probabilidad de hacer contacto visual al cumplir un año de edad. Los hombres tienen mayores niveles de testosterona que las mujeres, y los hombres con altos niveles de testosterona son más propensos a interpretar como antagónico el contacto visual.

Párate al lado, no de frente, a un cliente masculino; luego mira al producto (auto, computadora, casa) o al plan, y píntale un cuadro de éxito bien gráfico. Esta es la postura de comunicación más cómoda y te ayudará a ganarte su confianza.

LAS MUJERES ENFRENTAN AL MUNDO CARA A CARA

Las mujeres han estado mirando a sus bebés directamente a los ojos y bien de cerca desde que existen las madres y los hijos. A diferencia de los hombres, las mujeres no sólo se sienten a gusto con el contacto visual, sino que lo exigen.

Al concluir una reciente presentación, Susan y su esposo John se me acercaron. Luego de que los hijos crecieron y se fueron de la casa, esta pareja acababa de terminar la construcción de la casa de sus sueños. Susan describió las reuniones con su contratista de obras. «John y el contratista se paraban uno al lado del otro, con los ojos fijos en la construcción mientras discutían los planos. Cuando yo quería aportar algo a la conversación, tenía que pararme frente al contratista, mirar hacia arriba y hablar. Entonces, él hacía alguna maniobra para que ya no estuviera frente a él, evitaba mi mirada y contestaba. Cada vez que nos encontrábamos, me sentía como si estuviera bailando frente a su cara para que me atendiera. Mi frustración aumentó, y ya para mediados del proyecto, comencé a sentir aversión hacia él y temía a nuestras reuniones. Ahora entiendo que él es uno de esos hombres con altos niveles de testosterona que se siente incómodo con el contacto visual prolongado». Asentí con mi cabeza.

Ubícate justo de frente a tu clienta femenina y mírala a los ojos —no por encima de su hombro— cuando estés discutiendo tus servicios con ella. La parte más importante de la interacción va a ser la relación que desarrolles.

ACTIVIDAD CEREBRAL AL HABLAR

(Los dibujos representan la actividad cerebral captada mediante estudios de exploración de resonancia magnética funcional.)

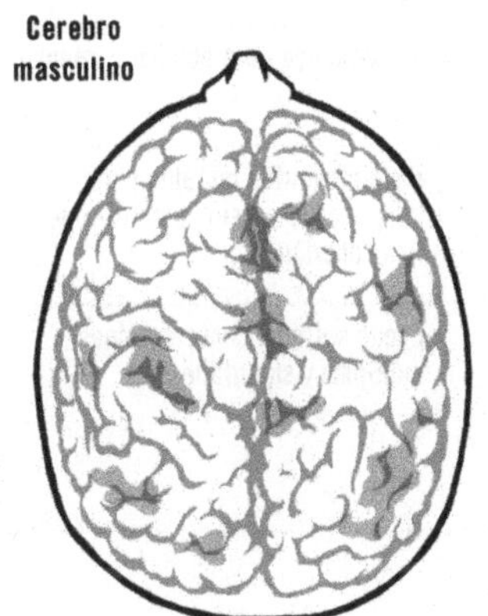

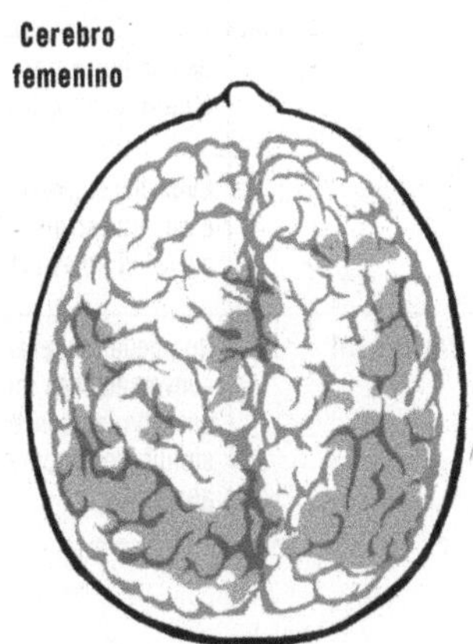

	Hombre	Mujer
Áreas estimuladas al hablar	Dos áreas difusas en el hemisferio izquierdo.	Dos áreas específicas en el hemisferio izquierdo.
		Dos áreas específicas en el hemisferio derecho.
		Once por ciento más de neuronas en áreas asociadas con el lenguaje.
Características	Vocabulario más extenso; les gusta usar lenguaje especializado.	Más diestra al hablar, escuchar, escribir y en el uso de vocabulario.
	Interrumpe para introducir información, cambiar de tema o disentir.	Interrumpe para alentar o aclarar.
	Asiente con la cabeza para demostrar que está de acuerdo.	Asiente con la cabeza para demostrar que reconoce tu respuesta.

	Mayor posibilidad de preparar un discurso público.	Habla con libertad frente a su grupo cercano de colegas o amistades.
	No puede escuchar mientras habla.	Puede hablar y escuchar al mismo tiempo.
	Se comunica para dar directrices o para hacer bromas.	Se comunica para obtener consenso.
	Evita hacer preguntas, pues estas muestran debilidad y una solicitud de ayuda.	Hace preguntas no tanto para buscar consejo, sino para establecer una conexión.
¡Sorpresa!	No puede procesar conversaciones múltiples; desecha las conversaciones simultáneas como un parloteo absurdo.	Puede sostener conversaciones múltiples y simultáneas.

PONGAMOS EN PRÁCTICA TUS CONOCIMIENTOS SOBRE LA COMUNICACIÓN

Las diferencias verbales innatas entre él y ella generan malentendidos que, sin querer, sabotean las ventas y por consiguiente, las relaciones con los clientes. Tu trabajo es entender bien estas diferencias y modificar tu estilo para así maximizar tu mensaje y minimizar los malentendidos. Hazlo de las siguientes maneras:

X: Cuando quieras venderle a ella, permite que la conversación florezca y le nazcan muchos pétalos. Ella se siente «en casa» tratando con múltiples tópicos y, en su momento, los entrelazará todos. Si están discutiendo sobre el color de la mancha en su piso de madera, no trates de reenfocar la conversación cuando mencione a sus perros y la necesidad de cortarles las uñas. Ella está sencillamente expresando las muchas maneras en que la compra afecta su vida. Presta atención a estas señales y trátalas como oportunidades para ganar su confianza al escucharla con detenimiento, y posiciona tu producto como la solución apropiada para su nido. No pienses que cuando ella asiente con la cabeza es una señal de «trato hecho» —ella lo hace sencillamente para dejarte saber que está escuchando. Si ella dice que va a pensarlo, realmente quiere pensarlo. Ofrécele los recursos para que encuentre la respuesta a sus preguntas, y pídele que te diga cuándo quieres que le des seguimiento. Mientras ella está «pensándolo», envíale una nota de saludo para afianzar su confianza y que torne más a gusto el proceso de comunicación contigo.

Y: Cuando quieras venderle a él, evita las conversaciones sin un objetivo claro y en las que el tema principal cambia cada treinta segundos. Él prefiere comunicarse sólo cuando es necesario y con el propósito de alcanzar un objetivo preciso. Si la discusión trata sobre una cortadora de grama, no hables sobre el clima ni sobre cómo jugó el equipo de béisbol local. Tratar varios tópicos en una conversación es para él un parloteo absurdo, y puede frustrarlo, impacientarlo, o provocar que pierda el interés. Escucha sus objeciones, porque con frecuencia las presentará —en algunas ocasiones te interrumpirá para hacerlo— pero si él dice «tal vez», lo más probable es que quiere decir «no». Llega al fondo de su «tal vez» dándole la libertad de expresar la objeción que tiene en mente, pero no lo interrumpas, pues pudiera traducirlo como demasiado agresivo. Sabrás si has tenido éxito en ganar su negocio pues cuando asiente con la cabeza está confirmando que está de acuerdo.

8

LA CIENCIA DE LA EMOCIÓN

Él reprime sus sentimientos; ella los expresa.

Un grupo de dieciocho cirujanos identificó el lugar perfecto para consolidar sus tres oficinas y desarrollar su propio centro de cirugía. Esta opción idónea para los pacientes —mejor estacionamiento, acceso y conveniencia de servicios—, reduciría significativamente los costos operativos. Además, aumentaría las ganancias a través de la conexión de servicios, ofreciendo a cada cirujano(a) la oportunidad de aumentar su ingreso personal en un quince a un veinte por ciento.

Como sólo algunos de los socios tenían la capacidad para invertir en bienes raíces, se riñeron por los términos del arrendamiento. Las negociaciones llegaron a un impasse y el trato se fue al suelo. Todo el mundo perdió. ¿Qué ocurrió?

En el curso de Finanzas 101 nos enseñan que para tomar buenas decisiones financieras, las personas deben

- tomar decisiones lógicas, racionales y con intereses propios que pongan en balanza los costos y los beneficios, y maximicen el valor y la ganancia;
- ser criaturas inteligentes y analíticas que posean autocontrol en la persecución de sus metas futuras;
- ignorar los sentimientos y las emociones en las decisiones.

Estos puntos de vista ciertamente ayudan a desarrollar teorías académicas, pero existe un desperfecto importante en este tipo de enseñanza: la gente real no actúa de esta forma.

En el ejemplo real presentado arriba, once de los dieciocho cirujanos no podían costear su participación en la compra de la propiedad. Aunque los restantes siete tenían los recursos para financiar el proyecto, luego de una votación, los socios decidieron que no querían crear una situación en la cual algunos tuvieran que pagar arrendamiento por el espacio a los otros socios.

El resultado final: aunque todo el mundo se beneficiaría de este nuevo modelo empresarial, aquellos que no podían también hacer dinero del bien inmueble detuvieron el acuerdo porque no querían que los socios con mayor solidez financiera tuvieran un mejor acuerdo económico.

La satisfacción, el desprecio, el miedo, la codicia, y en el ejemplo de arriba, la envidia subyacente de que alguien esté recibiendo un mejor trato (¡no es justo!), impactan diariamente las ventas así como las transacciones de negocios. Las emociones residen en las cabezas de tus clientes y de tus clientas. Estos sentimientos afectan las decisiones que ellos y ellas toman con respecto a ti, a cómo se sienten con relación a tu ofrecimiento y si descartan tu producto o se convierten en clientes de por vida. Y ya a estas alturas sabes que una sola estrategia no es apropiada para todos: los hombres y las mujeres «sienten» diferente y por lo tanto, debes venderles de manera diferente.

Por mucho tiempo las mujeres han sido estereotipadas como el género más emocional. Hoy día los estudiosos del cerebro han determinado que el «cableado» emocional de los sexos es ciertamente distinto. Los hombres y las mujeres utilizan redes cerebrales diferentes para procesar y recordar eventos emocionales. Y como estas redes también son influenciadas por los distintos niveles de las hormonas sexuales, la respuesta emocional de tu cliente hacia ti y tu ofrecimiento va a ser fundamentalmente única dependiendo del género de tu cliente.

¿Acaso no sería maravilloso si pudieras hacer realidad el sueño de transformar a cada cliente potencial calificado en un cliente, y que luego este se convierta en un cliente asiduo y, con el tiempo, llegue a ser tu seguidor de por vida y tu socio? Para lograr esto, debes crear y fomentar la confianza mientras te conectas con las emociones de tus clientes. Suena muy sencillo, pero si realmente lo fuera, más lo estarían haciendo. Continúa leyendo para que descubras las sutilezas a las que debes prestar atención en la jornada de fomentar relaciones sólidas con cualquiera de los dos géneros.

NADA MÁS QUE SENTIMIENTOS

Boletín de última hora: ¡Los hombres son mejores que las mujeres en reprimir sus emociones! En los hombres, la emoción está confinada a dos áreas específicas en el hemisferio derecho del cerebro. El lenguaje está localizado en el hemisferio izquierdo, y los hombres tienen menos neuronas que conectan los dos hemisferios. ¿El resultado? Los hombres tienen una habilidad innata para compartimentar las emociones, mientras que las mujeres están dotadas con una habilidad inherente (o como algunos dirían, una «necesidad») para expresarlas.

Combina esta diferencia estructural con los químicos únicos y específicos que alimentan el cerebro de los hombres y las mujeres, y tendrás que concluir que una estrategia de ventas determinada por el género específico es imprescindible para ganar los corazones de tus clientes y clientas.

ÉL CONFÍA EN SUS INSTITUCIONES

Uno de los retos más difíciles que enfrentan los vendedores es cautivar el interés inicial de un cliente potencial —por lo menos el suficiente como para obtener una primera cita. En la mayoría de los casos comienzas como un desconocido. En muchos casos, tu cliente no está familiarizado en lo absoluto ni con tu compañía ni con tu producto. ¿Cómo, entonces, rompes el hielo? ¿Cómo te ganas la suficiente confianza para tener una conversación inicial sobre tu ofrecimiento? La respuesta: pertenece al «grupo *in*» de tu cliente.

Según Marilyn Brewer, profesora de psicología de la Universidad Estatal de Ohio, la mayoría de los norteamericanos confía en desconocidos *si* estos pertenecen a lo que ellos consideran sus «grupos *in*».[1] No obstante, el estudio de la profesora Brewer también descubrió que los hombres y las mujeres definen sus «grupos *in*» de forma diferente.

Se les dijo a los participantes en el estudio (estudiantes de la Universidad Estatal de Ohio) que o bien recibirían tres dólares de los investigadores o una cantidad indeterminada (que resultó ser once dólares) de parte de uno de tres desconocidos. Si optaban por la cantidad indeterminada, se les pidió a los estudiantes que escogieran el desconocido del cual recibirían el dinero.

Desconocido Uno: otro(a) estudiante de la Universidad Estatal de Ohio

Desconocido Dos: un(a) estudiante de otra universidad en la que el (la) participante tenía un amigo(a)

Desconocido Tres: un(a) estudiante de otra universidad en la que el (la) participante no conocía a nadie

Resultó mucho más probable que los participantes varones confiaran en un desconocido que fuera un compañero estudiante de la Universidad Estatal de Ohio que en un desconocido de otras universidades, aun de aquellas en las que conocían a alguien. Los hombres tienden a confiar en personas con las que comparten una membresía de grupo objetiva. Se citó a los participantes varones haciendo comentarios como: «Alguien de la Universidad de Ohio no me va a defraudar».

Los hombres valoran a sus grupos o equipos. «Esto es evidente en grupos dominados por varones, como los equipos militares o de fútbol americano: ahí existe una clara distinción entre "ellos" y "nosotros"», comenta Brewer.[2]

Los anunciantes y los vendedores pueden ganar una credibilidad inicial con un cliente potencial masculino perteneciendo a su grupo. Si son ex alumnos de la misma universidad, o miembros de la misma iglesia, grupo comunitario, club rotario o asociación, usa esa membresía para incentivar tu presentación inicial. Si no eres miembro de su club, busca a alguien en tu compañía que sí lo sea, o considera unirte al grupo de tu cliente potencial.

ELLA CONFÍA EN SUS CONEXIONES

Mientras que los hombres tienden a confiar en desconocidos que forman parte de sus clubes, compañías o equipos, las mujeres confían en desconocidos que comparten alguna conexión con ellas: la amiga de una amiga, o el amigo de un familiar. Las estudiantes de la Universidad Estatal de Ohio que formaron parte del estudio de la profesora Brewer, escogieron predominantemente recibir el dinero de parte de un desconocido de otra universidad donde tenían alguna amistad.

Cuando haces esa llamada inicial a una clienta potencial, tendrá mayor significado si tienes un(a) amigo(a) o conocido(a) en común con ella, que si ambos son miembros de una organización. «Nancy, nuestra amiga en común, recomendó que nos conociéramos» te favorecerá más que «entiendo que ambos somos miembros de la Cámara de Comercio local» para ganar la confianza de tu clienta potencial.

LOS HOMBRES ESTÁN HECHOS PARA LA ACCIÓN

En lo profundo de ambos hemisferios cerebrales, tanto en los hombres como en las mujeres, hay un conjunto de neuronas en forma de almendra llamado *amígdalas*. La amígdala juega un papel esencial en el procesamiento de hormonas y de otras funciones involuntarias, tales como tu respuesta ante el miedo y la agresión. Y en un hombre, la amígdala habla con regiones específicas en el cerebro que le ayudan a responder rápidamente a los sensores que le dicen qué está ocurriendo *fuera* del cuerpo que necesita alguna acción.[3]

En otras palabras, el hombre está hecho para moverse. Él responde a los problemas externos tomando alguna acción. Para llegar a ser un asesor de confianza para tu cliente masculino, determina cuáles son los retos que él enfrenta y luego ayúdalo a formular un plan de acción para conquistar esos retos. De esta manera estarás hablando directamente a sus emociones para la toma de decisiones.

LAS MUJERES ESTÁN HECHAS PARA LA CONEXIÓN

Si pudieras echar un vistazo dentro del cerebro de una mujer, encontrarías sus amígdalas justo en el mismo lugar y con la misma apariencia que las de su hermano. Sin embargo, este conjunto de neuronas en ella, tan importante para controlar las emociones, se comunica con el córtex insular y el hipotálamo —las regiones del cerebro que responden a sensores *dentro* del cuerpo y la ayudan a regular las hormonas, el ritmo cardiaco, la presión sanguínea, la digestión y la respiración.[4]

«Las mujeres», explica Larry Cahill, de la Universidad de California-Irvine, «han tenido [siempre] que lidiar con factores estresantes externos; por ejemplo, el alumbramiento, que los hombres no han tenido que experimentar. Lo fascinante sobre esto es que el cerebro parece que ha evolucionado para estar en armonía con esos factores diferentes».[5]

Mientras que tus clientes masculinos sentirán la necesidad de discutir, o mejor aún de implementar, un plan de acción, tu clienta sentirá primero la necesidad de discutir cómo ella y su equipo se sienten con respecto al problema a ser resuelto y cómo perciben tu ofrecimiento. En lugar de promocionar un plan de acción, cautiva sus emociones fundamentales iniciando una conversación sobre lo que ella siente que es problemático. Pregunta cómo ella y su equipo están lidiando con la situación, y luego ofrece una solución que le prometa armonía a ella y a su red de asociados —ella va a querer calmar nervios.

EN SITUACIONES DE ESTRÉS, ÉL VA A PELEAR O A HUIR

En Psicología 101 se nos enseñó que los animales y los seres humanos recurren instintivamente a pelear o a huir en situaciones de peligro. Y este principio es cierto para aproximadamente la mitad de la población: los hombres. Ya sea que esté acorralado por un tigre con dientes de sable o por un jefe con actitud de perro rabioso, en situaciones estresantes el varón responde bombeando sangre y oxígeno a su cerebro reptil, donde se controla la acción de pelear o huir.

Esto significa que es muy probable que tu cliente masculino o tome acción inmediata en respuesta a una emergencia, o que abandone el edificio, solucione el problema en aislamiento y luego regrese para implementar la solución. Esta es también la razón por la que cuando mi esposo Phil ha tenido una semana particularmente difícil en la oficina y hay mil cosas pendientes por hacer en el fin de semana sólo para ponerse al día, él responderá tomando una siesta. El eficiente cerebro masculino le permite tomar un descanso breve y reabastecerse de energía para enfrentar el estrés que todavía está por llegar.

Ya sea que estés con tu esposo, tu compañero de trabajo o tu cliente, resiste el impulso de alentar a un hombre a hablar mientras tiene estrés. Esto sólo aumenta su nivel de ansiedad. Permítele tener su espacio para retirarse, tratar el problema privadamente o descansar para revitalizarse. Entonces, cuando él esté listo para actuar, colócate en una posición donde seas una parte esencial de su equipo de acción.

EN SITUACIONES DE ESTRÉS, ELLA CUIDA Y OFRECE SU AMISTAD

Casi setenta años después de que el psicólogo Walter Cannon propusiera que el estrés provoca la respuesta humana de atacar o de huir, la doctora Shelley Taylor, profesora de psicología de la Universidad de California, Los Ángeles (UCLA, por sus siglas en inglés), y sus colegas pusieron a prueba esa teoría. Como sabían que los pasados estudios sobre el estrés rara vez involucraban a mujeres, el equipo de Taylor se preguntaba si las mujeres respondían al estrés de una manera diferente que los hombres. Pensaban que el valor adaptable de pelear o huir podría ser menor en las mujeres, quienes con frecuencia tienen pequeños que dependen de ellas y, por consiguiente, arriesgan más si están heridas o desplazadas. Además, sabían que las hembras de muchas especies forman alianzas estrechas y estables, posiblemente reflejando una tendencia adaptable en situaciones de estrés para buscar apoyo en las amistades.[6]

Después de rebuscar a lo largo de treinta años de estudios sobre el estrés, el equipo de Taylor descubrió que comparadas con los hombres, la agresión física en las mujeres y las conductas relacionadas con el miedo son menos intensas y más «cerebrales» —se presentan como respuesta a circunstancias específicas y están menos relacionadas con el estímulo fisiológico. Así que si bien es cierto que ambos sexos comparten la capacidad para pelear o huir, las mujeres parecen usarla menos.[7]

En cambio, durante momentos difíciles, las mujeres estresadas pasan significativamente más tiempo que los hombres cuidando de sus vástagos vulnerables. Estudios realizados por la psicóloga Rena Repetti a finales de la década de los noventa, demostraron que después de un día difícil en el trabajo, las mujeres eran mucho más afectuosas con sus hijos, mientras que los hombres se distanciaban de la vida familiar. Los investigadores sospechan que las endorfinas —proteínas que ayudan a aliviar el dolor— y la oxitocina —una hormona reproductora femenina— juegan un papel importante en el establecimiento de este patrón, mientras que los factores como el aprendizaje y la socialización ayudan a mantenerlo.[8]

Tanto la oxitocina como las endorfinas también pueden contribuir a la segunda pieza del rompecabezas: la tendencia femenina de «hacer amigos». En muchos mamíferos e interculturalmente en los humanos, las mujeres forman enlaces especialmente cercanos y estables con otras mujeres, con frecuencia parientes. Y esta tendencia de las mujeres de afiliarse con personas de confianza aumenta durante momentos de estrés. El equipo de Taylor concluyó que esta característica de «hacer amigos» es «la principal diferencia en la respuesta al estrés entre los géneros en la conducta humana adulta».[9]

Por lo tanto, cuando tu clienta se siente abrumada, ella va a aliviar su tensión ocupándose de algo —lo que puede ser cualquier cosa desde limpiar el salón de descanso hasta finalizar el más reciente plan de operaciones. Esta atención para ordenar las cosas y encargarse de los cabos sueltos trae un sentido de control y realización a una mujer agotada. Una vez comienza a traer orden a una tarea, también va a querer «hacer amigos», que es la contraseña para «hablar». Ella va a querer hablar de su problema y los distintos escenarios por teléfono, durante el almuerzo, o mientras está ocupándose de algo.

Escucha con atención a tu clienta cuando está estresada o se siente abrumada, sin tratar inmediatamente de solucionar el problema. Ella siente primero la necesidad de dialogar sobre todas sus opciones. Y por supuesto, ofrece ayuda con las tareas de las que ella quiera ocuparse, si está dentro de tus posibilidades. La ejecutora de multitareas se sentirá más eficiente si es capaz de organizar el desorden mientras está hablando y evaluando sus alternativas. Si realmente la puedes ayudar a través de este proceso emocional, vas a llegar muy lejos en el intento de afianzar su confianza. Y a fin de cuentas es su confianza la que cerrará el trato.

LÁGRIMAS PROHIBIDAS

Cuando las mujeres tienen pensamientos tristes, presentan ocho veces más actividad cerebral que los hombres.[10] Este alto nivel de actividad, localizado a lo largo y ancho de ambos hemisferios, explica por qué las mujeres pueden y expresan sus emociones mientras llevan a cabo casi cualquier tipo de actividad. Lamentablemente, esta expresión puede con frecuencia tomar forma de llanto —la reacción más malinterpretada en el mundo.

Llorar es el colmo de los actos prohibidos en el mundo de los negocios. Las mujeres lo saben, y hacen todo lo posible para evitarlo; sin embargo, no hay ni una sola mujer profesional con la que haya hablado que no se haya desmoronado por lo menos una vez en su carrera y haya llorado frente a un colega, o peor aún, frente a un cliente. Las mujeres lloran cuando están tristes, enojadas, felices, y algunas veces, durante un comercial. Mientras lloran, pueden sentirse tontas y culpables, pero es una reacción que parece imparable.

ACTIVIDAD CEREBRAL DURANTE LAS EMOCIONES

(El sombreado en los dibujos representa la actividad cerebral captada mediante estudios de exploración de resonancia magnética funcional.)

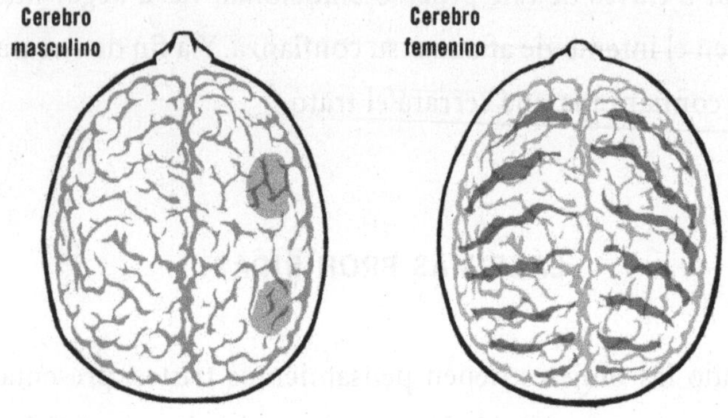

	Hombre	**Mujer**
En la cumbre de momentos «emocionales»	Se encienden dos áreas específicas en el hemisferio derecho.	Actividad generalizada a lo largo y ancho de ambos hemisferios. Cuando tiene pensamientos tristes, su cerebro tiene ocho veces más actividad.
Características	Presenta menos contacto visual.	Presenta un intenso contacto visual.
	Nivel de atención más corto.	Nivel de atención más prolongado.
	Necesita más espacio.	Necesita menos espacio.
	Mantiene más distancia con otros del mismo sexo.	Mantiene menos distancia con otras del mismo sexo.
	Se enoja rápidamente; expresado en la reacción de pelear o huir.	Tarda más en enojarse; puede presentarse por medio del llanto.

Conclusión	Los hombres tienen centros emocionales altamente contenidos en el hemisferio derecho y centros verbales altamente contenidos en el izquierdo, mucha menos conexión entre los hemisferios que las mujeres. Los hombres necesitan más tiempo para percatarse y verbalizar sus emociones.	En las mujeres, se presenta una actividad emocional difundida por todo el cerebro, unida con fuertes centros verbales en ambos lados del cerebro. Las mujeres están altamente «en sintonía» con sus emociones y típicamente expresan sus sentimientos.

OJOS SECOS

Los hombres, por otro lado, rara vez lloran. A menos que reciba la noticia de la muerte de un ser querido, o que tengan que amputarle alguna extremidad, es difícil imaginarse a un hombre llorando en el trabajo. Cuando un hombre muestra alguna emoción, es muy probable que sea coraje, y que sea expresada por medio de la reacción de pelear o huir. Cuando una mujer llora, el hombre —en el mejor de los casos— le resta importancia por reaccionar exageradamente o por mostrar debilidad, y en el peor de los casos, la tilda de histérica y manipuladora.

Pero la verdad es que las mujeres no pueden evitarlo. La hormona prolactina es en parte responsable por esa frecuentemente citada y difamada diferencia entre los hombres y las mujeres: las lágrimas. La prolactina le indica al cuerpo que los pechos y los conductos lacrimales tienen que crecer, y que produzca leche materna. La mujer tiene sesenta por ciento más prolactina que el hombre. Suma la prolactina a un cerebro «cableado» para sentir una amplia variedad emociones, y la respuesta espontánea son las lágrimas.

Si bien el llanto es una forma natural de las mujeres de lidiar con el estrés, esto puede —al igual que una explosión de ira— sabotear una carrera. Mis lectoras pueden encontrar los siguientes pasos muy útiles para tratar de superar el «efecto cascada».

- ***Pelea.*** Trata de no sucumbir ante las lágrimas cuando estés en el trabajo. Si sientes que están cerca, respira profundo y mira hacia arriba y a hacia la izquierda, para que así el hemisferio izquierdo de tu cerebro entre en acción —y esperemos que detenga el torrente de lágrimas. Exhala pausada y completamente. De hecho, soltar la respiración disminuye tu presión sanguínea.
- ***Activa*** la parte derecha de tu cuerpo. Tal vez te veas rara mirando hacia arriba y hacia la izquierda, así que involucra el lado izquierdo de tu cerebro moviendo los dedos de tu pie derecho. Y —sé que esto parece una bobada, pero ya sabes cuán humillante es llorar en el trabajo— *concéntrate* en mover tus dedos del pie.
- ***Educa*** a los hombres y a las mujeres sobre las diferentes maneras en las que ambos sexos responden al estrés. Si eres parte del Departamento de Recursos Humanos, haz de esto una meta educativa de tu empresa.

- ***Huye.*** Resiste la urgencia de discutir el problema con un hombre. Si no puedes contener las lágrimas, excúsate diciendo: «Quiero pensar en esto y volvemos a comentarlo mañana». Libera tu estrés en privado y busca el hombro de una amiga para apoyarte.
- ***Combate*** las lágrimas con agua. Si sabes que vas a estar en una situación estresante, no olvides llevar contigo un vaso de agua. Toma muchos sorbos y traga frecuentemente. El acto de tragar dificulta el que puedas llorar.

CON ÉL, LA AYUDA ES EL ÚLTIMO RECURSO

¿Cuántas veces has conocido a alguien en una recepción de negocios, le has preguntado a qué se dedica, y cinco minutos más tarde todavía él o ella está hablando? Y para empeorar las cosas, todavía no puedes decirle a nadie en el salón qué hace el parlanchín para ganarse la vida, y te cuestionas si el pobre diablo lo sabe. Si alguna vez te encuentras del otro lado de esta situación, que te pregunten a qué te dedicas, responde de una forma clara y precisa. En resumidas cuentas, desarrolla una historia personal que dure treinta segundos. Veinte segundos sería mejor, y quince segundos, maravilloso. He aquí la razón: la mayoría de las promociones de ventas y las campañas publicitarias tienen inicialmente justo ese corto período de tiempo para cautivar a una audiencia.

¿Qué dirías si tu cliente potencial más importante se parara frente a ti y te dijera: «Tienes treinta segundos para contestar... ¿qué puedes hacer por mí?» De seguro que ya has reflexionado en la respuesta, pero, ¿has pensado si tu corta respuesta va a incitar las emociones correctas en tu cliente potencial femenino o masculino?

Cuando se les pide que presenten su «charla de elevador» de treinta segundos, muchos vendedores comienzan con «ayudo a compañías a...» Si tu verborrea de ventas comienza con esas cuatro palabras, cámbiala de inmediato. Estás marginando tanto a los hombres como a las mujeres con esas palabras.

Primero, la mitad de tu audiencia —los hombres— no quiere ayuda. Tus clientes masculinos valoran la independencia y la acción. Para un hombre, necesitar ayuda es una señal de debilidad, y proveer ayuda —en lugar de acción— es insustancial. Ayuda es una palabra evasiva. Así que cuando dices «ayudo a compañías a...», estás insultándolo al implicar que él necesita ayuda, y saboteando tu credibilidad al minimizar tu impacto. En lugar de esto, elabora tu respuesta de elevador dirigida a los varones (así como todo tu lenguaje comercial impreso, en la Internet, en correos electrónicos, etc.) con acción y resultados en mente. Prueba mejor estas oraciones cargadas de acción:

Yo implemento...

Yo desarrollo...

Yo reto...

Yo descubro...

Yo creo...

Yo exploro...

Yo represento...

Yo llevo a cabo...

Yo implemento...

Yo hago...

Yo completo...

Yo logro...

Yo arreglo...

PARA ELLA, AYUDAR ES INTERESARSE

Mientras que «ayuda» es simplemente una palabra de cinco letras para los hombres, a las mujeres no les ofende un ofrecimiento de asistencia. Ella no responde a tu presentación «ayudo a compañías a...» porque no le interesan las compañías ni las instituciones; a ella le interesan las *personas*. Si quieres ganarte el derecho a continuar hablando de tu negocio con una clienta potencial, comienza con: «Yo ayudo a las personas a...»

Thomas J. Moyer, presidente del tribunal supremo de Ohio, describe la historia de Estados Unidos de la siguiente manera: «La historia norteamericana es la historia de personas que llegaron más allá de ellas mismas».[11] ¿Acaso esto no lo resume todo? ¿Crea esto la visión de personas que arriesgaron todo para cruzar océanos, escalar montañas y volar a la luna —gente que todavía sigue alcanzando y ofreciendo esperanza por todas las esquinas del mundo?

La historia norteamericana del juez Thomas J. Moyer trata sobre la gente, no de un país. Cuando hables con tus clientas potenciales, también narra tu historia refiriéndote a la gente, no a una compañía, ni a la tecnología, ni al producto.

Ahora bien, debes estar preguntándote: *¿Necesito dos presentaciones de ventas distintas de acuerdo al género del cliente potencial?* No, seguro que no. Necesitas una historia convincente de treinta segundos —mejor aún, de quince— que describa acción y resultados (la prioridad para un hombre), y el beneficio para las personas (la prioridad siempre presente en la mente de una mujer). Primero, elimina todos los verbos evasivos —*ayudar, asistir, facilitar*— y reemplázalos con verbos de acción y orientados a resultados, como los que presentamos antes. Luego habla sobre los efectos que tienes en las personas o en el equipo. Una vez tengas algo que te guste, elimina cualquier palabra innecesaria. Establece como meta personal llevar tu presentación de elevador a menos de veinte segundos. Tu historia debe provocar una respuesta emocional en tu cliente potencial. Quieres que él y ella respondan con un «dime más».

PONGAMOS EN PRÁCTICA TUS CONOCIMIENTOS SOBRE LAS EMOCIONES

A la hora de la verdad, todos somos criaturas emocionales. La diferencia radica en la manera en que esas emociones son provocadas y luego, cómo nos afectan como hombres y mujeres. Conocer las claves para incitar las emociones correctas y evitar las equivocadas es crítico para cualquier gestión de ventas y de mercadeo. He aquí lo que no puedes olvidar hacer con cada género.

X: Como ella confía en su conexión con las personas, encontrar un enlace con los amigos, colegas o familiares de tu clienta potencial te ganará una dosis inicial de confianza. Cuando comiences a hablar de negocios, no promociones un plan de acción como harías con tus clientes potenciales masculinos. Ella primero sentirá la necesidad de discutir cómo ella o su equipo se siente con respecto al problema. Cautiva sus principales emociones iniciando una conversación sobre lo que ella siente que es problemático. Si percibes que tiene estrés, sencillamente escúchala y pospón cualquier presentación para solucionar el problema. Su tendencia a cuidar y atender provocará que ella sienta la necesidad de hablar sobre todas las opciones disponibles y de organizar las cosas en su mente. Es posible que ella quiera organizar físicamente su entorno o hasta hacer una llamada telefónica para organizar las cosas en su nido. Aliéntala a que lo haga, pues esto calma su mente. Y si puedes ofrecerle ayuda con esas tareas de las que ella quiere ocuparse, eso contribuirá en gran medida a afianzar su confianza. Y a fin de cuentas, la confianza de ella en que tu prioridad es ayudar a las personas —específicamente a ella y a los miembros de su nido— va a cerrar el trato.

Y: Como él valora muchísimo el ser miembro de instituciones, busca la manera de relacionarte con alguno de los grupos de tu cliente potencial. Si él pertenece a un club de tiro al plato justo a las afueras de la ciudad, compra un rifle y algunos platos naranja y hazte miembro. Él confiará en ti más rápido si comparten la afiliación a un grupo. Cuando salga a relucir cuál es el problema o el reto que tiene, lleva la conversación hacia un plan de acción apropiado para solucionarlo. No cometas el error de decirle que lo vas a ayudar. Necesitar ayuda lo hace sentir débil o inadecuado, y ofrecérsela es decir que piensas que es cierto. Si crees que él siente estrés durante el proceso de compra, dale espacio. No vas a llegar a ninguna parte con un cliente potencial estresado si continúas adelante con tu agenda. Él o tomará una actitud defensiva o se marchará. Respeta su espacio. Luego entonces, cuando él esté listo para retomar el asunto en cuestión, sentirá que puede confiar en ti y en tu producto.

PARTE 2

El *GenderCycle Selling*™ [El ciclo de ventas de los géneros]

Si todavía no lo estabas, espero que a estas alturas ya estés convencido(a) de que tus clientes masculinos y femeninos tienen redes neuronales únicas y por lo tanto, procesos únicos y distintos de tomar decisiones. Para que puedas conectarte con ambos sexos cada vez que estés en una gestión de mercadeo o de ventas, obviamente tienes que acercarte y comunicarte con él y con ella de una manera diferente a lo largo de todo el ciclo de ventas. Aunque muchos de los factores que ya hemos discutido entrarán en juego, en el capítulo 9 vamos a definir paso a paso el proceso para que ella compre. En el capítulo 10 pasaremos por el mismo proceso para él. Al final, tendrás las herramientas necesarias para llevar a cabo el proceso de mercadeo y de ventas de una manera eficaz con ambos sexos.

9

DE COMPRAS CON ELLA

P: ¿Por qué una mujer no puede ser más como un hombre?

R: Henry Higgins, el arrogante profesor de fonética en *My Fair Lady* (*Mi Bella Dama*) probablemente no fue el primero en hacer esta pregunta. Afortunadamente, ya no tenemos que hacerla. Un equipo internacional de científicos, dirigido por el Instituto Wellcome Trust Sanger, cerca de Cambridge, Inglaterra, encontró la irrefutable respuesta. En el 2005, estos investigadores por primera vez diagramaron el cromosoma X —uno de los dos espirales de ADN que determina el género. Sus estudios revelaron que los *Homo sapiens* (tú y yo) no presumen de un genoma —la secuencia completa de ADN de un organismo— sino de dos: uno masculino y otro femenino.[1] Así que mientras que los hombres y las mujeres son, sin duda alguna, del mismo planeta, la respuesta a la pregunta de Henry Higgins (y quizás la tuya) es sencilla: una mujer no puede ser como un hombre, ni viceversa, porque somos tan diferentes como los miembros de la misma especie pueden serlo.

El cromosoma X tiene cerca de mil genes operantes. Doblemente bendecida con la X, los científicos antes pensaban que cada cromosoma X extra en la mujer se apagaba por completo en cada célula, y por consiguiente prevenía la duplicación de las instrucciones genéticas. También asumían que los insignificantes ochenta y seis genes en el cromosoma Y masculino eran la única barrera genética entre los hombres y las mujeres. Pero este estudio demostró que hasta un veinticinco por ciento del segundo gen X en la mujer se mantiene activo, dándole una «doble dosis de X» que pudiera tener efectos importantes.

«Nuestro estudio revela que la X inactiva en las mujeres no es tan silenciosa como pensábamos», dijo Laura Carrel de la Universidad Estatal de Pensilvania, quien dirigió este elemento de la investigación. «Los efectos de estos genes del cromosoma X inactivo pudieran explicar algunas de las diferencias entre los hombres y las mujeres que no son atribuibles a las hormonas sexuales».[2]

Hunt Willard, coinvestigador con Carrel de la Universidad Duke, continuó explicando: «Ahora sabemos que el veinticinco por ciento de los cromosomas X —200 a 300 genes— puede ser únicamente expresado en un sexo relativo al otro. En esencia, no existe un genoma humano, sino dos: masculino y femenino».[3]

Esto es lo verdaderamente asombroso: los investigadores encontraron que muchos de estos genes también varían en su patrón de expresión entre una mujer y otra. Esto quiere decir que las mujeres son menos parecidas genéticamente entre sí que los hombres, y eso puede contribuir en la conducta individual o en la susceptibilidad a enfermedades.[4]

Ahora bien, ¿qué significa todo esto para ti, cuyo sustento depende de las ventas? Necesitas entender cómo estas diferencias se interpretan dentro del ciclo de ventas —el proceso de decisión de tu cliente— para que así puedas conectarte mejor con tus clientas potenciales y tus clientas existentes. Continúa leyendo para que entiendas el *GenderCycle Selling*™ y cómo aplicar lo que has aprendido en los primeros ocho capítulos cuando le vendes en persona a una mujer.

EL *GENDERCYCLE SELLING*™: EL CICLO DE VENTAS DE ELLA

El ciclo de ventas tradicional tiene seis fases principales que se enfocan en lo que tú, el vendedor, debe hacer durante cada paso de este. Casi todas las interacciones de ventas van a seguir estas fases, ya sea que duren algunos minutos o algunos meses. El *GenderCycle Selling*™ se enfoca no sólo en lo que tú, el vendedor, haces durante cada fase sino en *lo que tu cliente está pensando* durante cada una de estas fases clave. Si entiendes sus valores, preferencias y procesos de pensamiento, puedes adaptar tu metodología de ventas para atraer la atención de ella a tu producto o servicio, acortando así el ciclo de venta, cerrando más ventas y desarrollando relaciones duraderas con tus clientas. En el ciclo de ella dentro del *GenderCycle Selling*™.

Tú...	Y *ella...*
1. Estás en la búsqueda de clientes potenciales calificados	1. Está buscando
2. Estás preguntando y escuchando	2. Está hablando y tratando de establecer vínculos
3. Estás haciendo tu presentación	3. Está sintetizando e identificándose
4. Estás superando objeciones	4. Está buscando seguridad
5. Estás cerrando la venta	5. Está afianzando la relación
6. Eres promovido a asesor de confianza	6. Es la integradora y la persona influyente

ESCENARIOS DE VENTAS

Pasemos por el ciclo de ventas de ella usando dos escenarios hipotéticos. El primero es una situación de negocio-a-negocio (B2B, por las siglas en inglés), y el segundo es un ejemplo de venta al detalle o directo-al-consumidor (D2C, por las siglas en inglés). Si bien es cierto que es imposible cubrir todos los escenarios de ventas probables, un ciclo de ventas B2B típicamente pasa por *todos* estos pasos. Si tu escenario es el de las ventas al detalle o D2C, es posible que no pases por cada uno de estos pasos; sin embargo, te van a funcionar las mismas técnicas.

B2B

- Tu nombre es Joe, un vendedor (hombre o mujer) de ABC Solutions, una compañía que ofrece servicios tecnológicos para las redes de computadoras.

- Tu clienta potencial es Samanta, gerente del departamento de tecnología de XYZ, Inc., un proveedor local de servicios de seguro para individuos y corporaciones.
- Tu meta es crear el camino más corto para identificar a un cliente potencial calificado y luego establecer una relación duradera con ese cliente utilizando las herramientas aprendidas en *De compras con él y ella*.

Al detalle o D2C

- Tu nombre es Joe, un planificador financiero (hombre o mujer) de ABC Solutions.
- Tu clienta potencial es Samanta, la gerente del departamento de tecnología de XYZ, Inc., un proveedor local de servicios de seguro para individuos y corporaciones, casada y madre de dos hijos, edades ocho y diez años.
- Tu meta es crear el camino más corto para identificar a un cliente potencial calificado y luego establecer una relación duradera con ese cliente utilizando las herramientas aprendidas en *De compras con él y ella*.

Así que aquí lo tienes, Joe. Armado(a) con tu conocimiento de lo que motiva a Samanta, pasemos por el ciclo de ventas de ella.

FASE UNO: TÚ ESTÁS EN LA BÚSQUEDA DE CLIENTES POTENCIALES CALIFICADOS; ELLA ESTÁ BUSCANDO

La búsqueda de clientes potenciales calificados para tus productos o servicios es el primer paso natural en el proceso de ventas. Ya sea que vendas productos al detalle o vendas soluciones de alta tecnología a negocios, tienes que identificar tu mercado objetivo, entender sus necesidades y posicionar tu producto o servicios como la mejor solución.

Los siguientes pasos te ayudarán a conectarte con las mujeres durante la primera fase del ciclo de ventas: la búsqueda de un cliente potencial calificado. En este punto, tu clienta potencial, Samanta, está buscando —y aunque es posible que no te conozca, ni que conozca a tu compañía, ni tu servicio y quizás ni se ha dado cuenta de que necesita tu producto— ella siempre está buscando. Su cerebro es como un faro giratorio, que nunca descansa, buscando personas o cosas que se relacionen y que mejoren su nido. Posiciona tu producto como su respuesta para hacer su vida más fácil o para que sus relaciones sean más armoniosas.

1. Captura la atención de Samanta

- Relaciónate con su diario vivir.
- Promueve la armonía y una vida más fácil.
- Ayuda a la gente con la que ella se relaciona.
- Destaca a otras clientas como ella.
- Apóyala como la persona influyente.

2. Identifícate con su nido

Una vez que has identificado a Samanta como la persona que decide o la persona influyente cuando se trata de hacer las compras para su compañía o familia, tienes que averiguar lo más posible sobre su misión antes de hacer tu acercamiento. Luego, en cada contacto, vas a descubrir más sobre lo que la motiva. Cuando entiendes su nido —el grupo o lugar en el cual ella quiere ejercer una influencia positiva— puedes entonces planificar tu estrategia de ventas para posicionar tu producto o servicio como un elemento esencial para desarrollar la relación.

¿Cómo haces tus averiguaciones sobre Samanta? Busca artículos en la Internet sobre los clubes y las organizaciones que ella respalda. Luego usa tu círculo de amistades y asociados de negocios. Una conversación de cinco minutos con alguien que haya trabajado con Samanta o que sea su vecino o un amigo mutuo te proveerá una perspectiva de valor incalculable.

3. Haz el primer contacto

Una vez que has identificado a Samanta como tu «chica», contáctala. Uno de los contactos iniciales más comunes es una «llamada en frío», hecha por teléfono o en persona. Mi definición de una «llamada en frío» es cualquier contacto con una clienta potencial cuando ella no te ha indicado que desea que la llames. Estos consejos te ayudarán a transformar tus *«llamadas en frío»* en *cálidas clientas potenciales.*

- ***Encuentra a sus amistades***— las mujeres y los hombres en los que ella confía. En el capítulo 8 descubriste que las mujeres confían en personas que conocen a sus amistades —mejor aún, las mujeres confían en *un(a) amigo(a) de un(a) amigo(a)* de ella. Su nido consiste en sus familiares, amistades y colegas allegados en el trabajo. Tu mejor presentación a una mujer no va a ser aquella que haces tú mismo, sino que una de sus amigas los presente. No es que ella confíe más en sus amigas que en sus amigos —la presentación va a tener el mismo significado con cualquiera de los dos sexos. Es sencillamente más fácil que una mujer haga la presentación. Como alguien a quien naturalmente le gusta facilitar relaciones y establecer conexiones, las mujeres disfrutan cuando presentan a sus amistades y colegas, así que tu amiga con frecuencia va a sentirse feliz de hacer un favor. Pídele a ella que los presente. Si tu amiga está demasiado ocupada para hacer la presentación en el tiempo que tú tienes disponible, pregúntale si puede enviarle un correo electrónico a Samanta, usando el nombre de la amiga como la conexión, y que le copie a la amiga en la comunicación.
- ***Identifícate con una experiencia.*** Si no encuentras a un(a) conocido(a) o un(a) amigo(a) en común que pueda presentarles, recurre a experiencias similares para identificarte con tu clienta potencial. Por ejemplo, tal vez ambos viajan al extranjero con

frecuencia o les gusta hacer ejercicios en un gimnasio local. Comenta sobre la experiencia compartida y los sentimientos que esa experiencia evoca para establecer un vínculo con tu clienta potencial. Si tienes ambas, la presentación *y* una experiencia en común, usa ambas para establecer la conexión.

- ***Asegúrate de conocer el objetivo de tu llamada.*** Tu propósito puede ser obtener una cita, evaluar el interés que la clienta tiene en tu producto o servicio, hacer alguna pregunta o pedir que te presente con alguien. Sea lo que sea, debes obtener permiso para pasar al siguiente paso.
- ***Envía una carta o un correo electrónico*** conciso para presentarte, con un enlace a tu sitio en la Internet y una razón convincente para que hable contigo —cómo tú o tu producto se relacionan con ella. Especifica la fecha en la que vas a llamarla y lo que esperas que ocurra luego de esa llamada. He aquí un ejemplo de un corto correo electrónico a Samanta, gerente del departamento de tecnología de XYZ, Inc., de parte de Joe, de ABC Solutions. Este ejemplo de correo electrónico tiene un enfoque completamente femenino en sus relaciones personales y experiencias, y por lo tanto, es relevante para ellas.

Estimada Samanta:

Nuestra amiga en común, Susan Smith, me dio su nombre y su correo electrónico. Ella me dijo que ustedes, y sus respectivas familias, fueron de vacaciones a Disney World el año pasado luego de la Conferencia de RIMS (Sociedad para el Manejo de Riesgo y Seguros, por sus siglas en inglés). Le estaba pidiendo a Susan sugerencias para mi próximo viaje a Disney con mi familia, y me dijo que le contactara pues tenemos muchas cosas en común.

Susan ha sido mi clienta y amiga por los pasados tres años. He trabajado con Susan y su equipo para ayudarles a alcanzar un crecimiento fenomenal en el departamento de Información y Tecnología. Me encantaría reunirme con usted para almorzar o tomarnos un café en un futuro cercano. Si está bien con usted, le puedo llamar el próximo jueves para concertar la cita. Entretanto, por favor, no dude en comunicarse conmigo si tuviera cualquier pregunta.

Joe Smith
Director de Ventas (B2B) / Planificador Financiero (D2C)
ABC Solutions
Dominio
E-mail
Teléfono
Haciendo que tu negocio tararee con soluciones para el

departamento de Información y Tecnología (B2B)
Haciendo tus sueños realidad a través de la planificación financiera (D2C)

Facilítale a tu clienta o cliente potencial que sepa quién eres proveyéndole un enlace rápido al sitio en la Internet de tu compañía. Todo el mundo —especialmente todo vendedor— debe tener una firma automática para sus correos electrónicos que incluya el nombre de él o ella, título, compañía, enlace virtual, correo electrónico y teléfono. Haz que tu mensaje sea fácil de leer: usa una fuente color negro, en tamaño 11 o 12.

- ***Haz la llamada.*** El jueves, con tus notas y el calendario al frente, haz la llamada. «Samanta, le habla Joe, el amigo de Susan Smith. El martes le envié un correo electrónico para ver si podemos coordinar una cita para tomar café o almorzar en las próximas semanas. Voy a estar en su área el próximo miércoles 24 y el siguiente lunes 29. ¿Está usted disponible en alguna de estas fechas?»

El anterior correo electrónico de presentación y la primera llamada establece inmediatamente tu relación con Samanta a través de su amiga en común, indica una experiencia personal compartida y le pide un tiempo para tomar café o almorzar —palabras en clave para que «hablemos».

Nota que no comencé con un «¿Recibió el correo electrónico que le envié?» Esto le permite al cliente potencial sencillamente decir que no, sólo para evitar el contacto adicional. Una redacción bien pensada puede abrir las puertas para tu oportunidad de ventas en lugar de llegar a un callejón sin salida.

FASE DOS: LA PRIMERA REUNIÓN—TÚ ESTÁS PREGUNTANDO Y ESCUCHANDO; ELLA ESTÁ HABLANDO Y TRATANDO DE ESTABLECER VÍNCULOS

Para muchos vendedores, esta es la parte más difícil del ciclo de ventas. Por definición, un excelente vendedor está lleno de entusiasmo por su producto y está ansioso por ofrecer el producto o la solución de su compañía. Y durante la segunda fase en el ciclo de ventas a ella —la primera reunión (o si estás vendiendo autos o un producto que puede venderse en un encuentro, la primera parte de ese encuentro)— existe una regla fundamental: *recuerda que estás reuniendo información de tu cliente potencial, no estás vendiendo.* Para decirlo de manera sencilla: estás escuchando, no hablando.

Siguiendo los pasos a continuación, vas a ganar con Samanta el primer nivel de confianza así como la información que necesitas para posicionarte a ti y a tu producto como un componente crítico en su red.

Durante esta fase, Samanta está hablando y descubriendo si tú tienes la habilidad para entender y, más importante, si te identificas con su situación. Subconscientemente ella está evaluando si eres un buen oyente y si tienes la habilidad para entender tanto sus necesidades como las necesidades individuales de su nido. He aquí cómo establecer esos vínculos.

Asume la posición

Durante el encuentro, debes ser amigable y profesional, mientras que también te relacionas en un nivel personal. La vida profesional de una mujer está muy integrada a su vida personal. Tal vez seas el mejor vendedor ofreciendo la mejor solución en tu industria, pero mejor es que conduzcas tu vida personal con integridad porque ella no compartimenta los dos aspectos. Párate justo al frente de Samanta y mantén el contacto visual con ella. No mires por encima de su hombro. Las mujeres tienen una formidable destreza para descifrar sutilezas. Ella notará tu mirada entretenida y pensará que no le estás prestando toda tu atención.

Haz preguntas que resuenen con las mujeres

Estimula el deseo innato de Samanta para establecer conexiones haciendo preguntas abiertas que la animen a revelar su situación actual y sus sentimientos sobre las implicaciones y soluciones. Enfatiza su equipo. Algunas excelentes preguntas para Samanta son:

B2B: «El artículo en el periódico sobre el crecimiento de XYZ me pareció fascinante. ¿Quiénes fueron las personas clave que contribuyeron al crecimiento? ¿Cómo ha afectado este crecimiento a las personas de su departamento y a sus clientes?»

«Es evidente que usted está en la posición para llevar a su compañía al próximo nivel. ¿Qué recursos necesita su equipo para alcanzar sus metas?»

«Coménteme sobre cuáles son los obstáculos o impedimentos que su equipo está encontrando en el camino».

«Mirando al futuro, ¿cómo visualiza el éxito para usted y para las personas con las que usted trabaja dentro de un año, tres años y cinco años?»

«¿Cómo le gustaría a usted, personalmente, influenciar a su compañía y a las personas que dependen de usted?»

D2C: «Trabajo con muchas mujeres que son ejecutivas prestigiosas, líderes comunitarias y madres. Muchas desearían dedicar más tiempo a la planificación de su futuro financiero, incluyendo tener los fondos para pagar la educación universitaria de sus hijos y sus propias jubilaciones. ¿Qué está usted haciendo en este momento para planificar para sus futuras necesidades? ¿Está usted segura que ese plan suplirá para cubrir esas necesidades?»

«¿Qué necesita su familia hacer de manera diferente para asegurarse de que usted tenga el dinero para costear los gastos universitarios y una cómoda jubilación para usted y su esposo?»

«Coménteme sobre cuáles son los obstáculos e impedimentos en el camino de su familia».

«Mirando al futuro, ¿cómo visualiza el éxito para su familia dentro de un año, cinco años, diez años y en incrementos de cada diez años en lo sucesivo?»

«¿Cómo le gustaría a usted influenciar y contribuir a sus intereses filantrópicos en el futuro?»

Si eres un hombre, asienta con la cabeza ocasionalmente para demostrar que entiendes. Si eres una mujer, el asentir con la cabeza es algo que haces de manera natural.

Cuenta alguna historia que demuestre que has experimentado su situación. *No proveas la solución* en este punto. Si lo haces, te estás arriesgando a que se aleje. Ella sólo quiere que entiendas y que ratifiques sus sentimientos acerca de su situación actual, no proveas la solución.

Este es el momento de interponer con «Sé exactamente cómo te sientes. Eso me pasó a mí...» Una historia que se relacione demuestra empatía. Sin embargo, si no tienes una historia similar, no la inventes. Una mujer puede detectar una historia falsa o un halago fingido a una milla de distancia, y en seguida te va a restar importancia y a calificar de sinvergüenza. Escuchar atentamente es mucho más atrayente que una historia inventada para impresionar.

Durante el encuentro sé sincero y amigable. El humor siempre ayuda en la interacción personal. Sólo una risita puede ayudar a producir serotonina, la cual estimula sentimientos de bienestar. Pero no te mofes de nadie más, incluyendo a tu competencia o a la de ella. Para una mujer el humor no es humor si es a costa de otra persona.

Termina con acción

Toma nota: ya estás terminando el encuentro y todavía no has hablado ni de tu producto, ni de tu solución ni de tu compañía. ¡Felicidades, lo lograste! Escuchaste a Samanta y le transmitiste que entiendes y que te identificas completamente con su situación. Ahora es el momento de impresionar con una afirmación que cree un entendimiento mutuo y la confianza de que eres una persona de fiar.

B2B: «Samanta, agradezco su tiempo y fue un placer escuchar su historia y la de sus asociados en XYZ. Mis colegas en ABC y yo tenemos una posición única para trabajar con usted en el lanzamiento de sus servicios a nivel regional. Podemos ser sus socios de sistema de redes y así asegurarle que pueda alcanzar su meta de convertirse en el líder en su industria en tres años. Ambos estamos de acuerdo en que va a ser un trabajo arduo, pero con el plan correcto —y el equipo de apoyo en ABC— vamos a alcanzar sus metas y ayudar a su equipo a ser más productivo en el futuro. Voy a compartir con mi equipo las metas y los obstáculos que discutimos hoy y vamos a desarrollar un plan. ¿Podemos escoger una fecha la semana entrante para traer a mi equipo y presentarles nuestro plan a usted y a sus colegas?»

D2C: «Samanta, agradezco su tiempo y fue un placer conocerle. Entiendo la situación actual de su familia y las metas que usted tiene para el futuro. Como también tengo una familia y una carrera, entiendo cómo puede usted despertar diez años más tarde y darse cuenta de que está atrasada en el plan financiero para costear estudios universitarios y la jubilación. Me gustaría esbozar un plan para asegurarle que alcance todas sus metas financieras. El primer paso es que recopilemos información más detallada sobre su situación actual y todos los aspectos que pueden impactar su futuro económico. Este paso va a ser el más lento de todos, pero es muy necesario. ¿Puedo enviarle un cuestionario durante el día de hoy para que lo complete? Una vez lleno, voy a necesitar cerca de una semana para revisarlo considerando sus metas, y regresar con sugerencias. Si esto le parece bien, hagamos una cita para reunirnos en tres semanas y revisar mis sugerencias».

Una vez confirmes la fecha y la hora, llegó el momento de planificar tu presentación.

FASE TRES: TÚ ESTÁS HACIENDO TU PRESENTACIÓN; ELLA ESTÁ SINTETIZANDO E IDENTIFICÁNDOSE

Presentar tu solución es la fase preferida del ciclo de ventas para la mayoría de los vendedores. Ahora es el momento en el que puedes hablar sobre cómo puedes ayudar. Pero más importante aún, ahora es el momento cuando Samanta va a descubrir si realmente la escuchaste en la Fase Dos —si hiciste tu tarea y puedes identificarte y crear relaciones con todos los miembros de su equipo o familia.

La Fase Tres es la primera vez en la que tú vas a estar a cargo de la mayor parte de la conversación. Tu clienta potencial está escuchando, también va a estar sintetizando —esto es, combinando tu servicio e ideas con distintas situaciones para formar un nuevo todo. Su preferencia innata por buscar continuamente e intentar integrar nuevos servicios en su dominio es una evidente ventaja para ti como vendedor. Y ella hasta puede mencionarte nuevas maneras —algunas en las que tal vez ni has pensado— en las que tu servicio va a beneficiarla. Y cuando lo haga, deja de promocionar tus beneficios tradicionales y ayúdala a desarrollar el de ella. Tal vez hasta te proponga formas de adaptar tu servicio para suplir sus necesidades que aumenten tu rentabilidad. En lugar de intentar llevarla «de vuelta» a las ideas de tu presentación, permítele generar ideas —recuerda, ella piensa en voz alta— y que desarrolle una solución hecha a la medida.

En muchas presentaciones de ventas, vas a conocer por primera vez a las personas que toman las decisiones o que influyen en ellas. En una venta del tipo B2B, es muy probable que los miembros de su equipo estén presentes, y en mi ejemplo de planificador financiero, es aquí donde vas a conocer a su esposo o compañero. Es muy posible que sea un grupo con una mezcla de ambos sexos. Entonces, ¿qué haces? Es tu trabajo convencer a todos los presentes. Necesitas usar las destrezas que has aprendido en *De compras con él y ella* para conectarte con cada persona.

Durante este encuentro, asegúrate de que continúas afianzando tu relación con tu clienta prospecto (no olvides continuar usando los consejos presentados en De compras con ella, Fase Dos, a lo largo de todo el ciclo de ventas: mirar a Samanta a los ojos y enfocarte en el impacto positivo que tu producto o servicio va a tener en sus relaciones). Siempre ratifica sus comentarios, indicando así que te identificas con su situación. Si no lo haces, te arriesgas a que ella interprete como rechazo tu falta de confirmación. Y el rechazo es el beso de la muerte para una mujer (las mujeres detestan ser rechazadas).

- ***Muestra entusiasmo.*** Exhibe el entusiasmo que sientes por tu producto y la diferencia que puede marcar en Samanta. La confianza y el entusiasmo son contagiosos.
- ***Olvídate de los datos, vende con historias.*** Comienza con una historia, no con datos y cifras sobre tu compañía. Cuenta la historia sobre una clienta similar y el impacto que tu producto y servicio tuvieron en su compañía y en sus clientes. O narra la historia de la compañía o departamento de Samanta, los logros que han tenido hasta la fecha, dónde están y luego

delinea un cuadro de adónde pueden llegar. Con una venta del tipo D2C, la historia debe enfocarse claramente en el éxito que otra familia tuvo a través de tus servicios y debe delinear un cuadro futuro de la familia de Samanta. Luego prosigue con tu rol de llevarles allí.

- ***Enfócate en ellos.*** Lamento decírtelo, pero ni aun en esta fase de presentación, Samanta está realmente interesada en ti o en tu compañía. A ella no le interesa que tu compañía haya sido fundada en 1972 o que el producto haya sido producido por primera vez desde el garaje del fundador. Ella está preocupada por *ella, las personas en su departamento, su compañía, sus clientes, su familia* y *su influencia.* Y los asociados de Samanta, las otras personas que intervienen en la decisión final de comprar o no comprar, también están preocupadas por sus propias necesidades y su desempeño personal. Así que deja de enfocarte en ti y en tu compañía. La presentación no se trata de ti —se trata de las personas en esa sala. Tu trabajo es convencerlos de que te preocupas por cada uno de ellos. Y la única manera de ser convincente es si realmente estás preocupado por ellos y ellas.
- ***Confirma la situación actual.*** Luego de la historia de apertura, dile a todo el mundo en el grupo: «Cuando me reuní con Samanta la semana pasada, ella delineó sus metas como: 1. ______, 2. ______,

3. ______. Además me dijo que estos eran los obstáculos que ustedes están enfrentando: 1. _____, 2. _____ y 3. _____. Sólo para asegurarme que cubra todos los detalles hoy... Samanta, ¿cree que he pasado algo por alto? ¿Alguien más puede ver algo que debamos atender o algún factor clave que hayamos pasado por alto?» Al incluir este segundo paso en tu presentación, confirmas que escuchaste a Samanta, que quieres la opinión de otros y que vas a continuar siendo flexible según las necesidades cambiantes y las percepciones de los demás.

- ***Enfoca los beneficios, no las características.*** Durante tu presentación, enfoca los beneficios de tu producto o servicio. Los beneficios se diferencian de las características; estas últimas son el tamaño, el color y las funciones. «Este programa para computadora duplicará la efectividad del departamento cuentas a pagar y reducirá mucho el estrés del proceso de hacer pagos». Los beneficios responden a la pregunta del cliente: «¿Y yo qué gano?» Los beneficios son los que *causan que la gente compre*. Las mujeres valoran las relaciones por encima de todo. Enfatiza los efectos positivos que tu producto o servicio va a tener en sus relaciones, así como la relación que tú y tu equipo formarán con ella y su equipo.
- ***Utiliza palabras relacionales vívidas.*** Para hacer eco en Samanta y las otras mujeres en la presentación, usa palabras relacionales. (Para aprender a conectarte

bien con los hombres en el grupo, lee el siguiente capítulo.) *Colaborar, armonía, eficiencia, servicio mejorado, enfocado en los empleados, enfocado en los clientes, cooperación* y *digno de confianza* son palabras que representan el desarrollo de mejores relaciones.

- ***Destaca a tu equipo de expertos.*** ¿Has sido alguna vez el cliente potencial en una presentación en la que el vendedor presenta a un grupo de expertos de su compañía y luego no les deja hablar? No me interesa lo agradable que seas o cuán emocionante sea tu producto: ¡es aburrido escuchar a una sola persona por más de diez minutos, mucho menos una hora! Cuando traes a alguien de tu equipo para que participe en la presentación, involúcrales con una pregunta que haga resaltar su pericia. Es tu oportunidad para demostrar la profundidad de tu compañía y de su fuerza colectiva. Muchas veces los vendedores no se dan cuenta de que no todo el mundo va a identificarse con ellos. El cliente potencial que ocupa la posición de vicepresidente del departamento de tecnología tal vez no se impresione contigo, pero cuando habla el «tipo loco» en cosas de computadora de tu compañía, este podría cerrar la venta.
- ***Involucra a todos los miembros del equipo de la clienta.*** Haz preguntas e involucra a todos los participantes en la reunión. No cometas el error de concentrarte

sólo en la persona que toma las decisiones, o en quien tú crees que es la persona que toma las decisiones. Cualquiera que tenga algo de influencia puede terminar con el trato. Asegúrate de que cada persona sienta que él o ella está involucrada(o) en la solución. De hecho, ganarás puntos si la que toma las decisiones es una mujer involucrando a todo el equipo en la decisión. Tu trabajo es que el cliente se apropie de la solución. Es la solución *de ellos*, no la tuya.

- ***Termina haciendo un resumen y sugiriendo un llamado a la acción.*** Este es tu momento para articular una solución clara y concisa. Lo único que necesitas alcanzar es el sí de ella. Recuerda, Samanta prefiere sintetizar e identificarse. Ella quiere entender cómo su decisión impactará a todo aquel que la rodea. Si has prestado atención diligentemente, puedes resumir esto para ella. Enfatiza en que tu solución va a impactar positivamente a sus compañeros de trabajo y a sus clientes. Si alguna de las partes interesadas se va a afectar adversamente, explícalo claramente y presenta un plan de acción para minimizar el impacto negativo. Ella quiere estar segura de que te identificas con su situación, así como con cualquiera que se afecte por el cambio que provocará tu servicio o producto. Ignorar o minimizar una consecuencia negativa va a poner en peligro la confianza de ella en ti. Mejor es tratar esto con claridad y sinceridad:

«Si bien es cierto que hemos bosquejado todas las maneras positivas en las que los servicios de ABC impactarán a su departamento, también hemos descubierto que durante los tres meses de implementación, su departamento va a estar corriendo dos sistemas simultáneamente. Nuestro equipo en ABC va a designar dos representantes de servicio al cliente a tiempo completo específicamente a su departamento durante este período para que tengan manos y pies extra para llevar a cabo el trabajo adicional que es necesario durante la transición y no se sientan abrumados».

El siguiente paso para ella puede ser tomar su decisión final, o puede ser buscar una mayor aclaración o más información. Haz constar claramente cuándo puedes responder con cualquier información adicional, a la vez que estableces para cuándo necesitas que ella tome una decisión para poder cumplir con su fecha límite.

«Tal como hemos acordado en el plan de implementación, para poder cumplir con su meta de inauguración en julio, necesitamos una decisión para el 1 de mayo. Usted nos ha pedido una lista del equipo de implementación y de los requisitos para la instalación del equipo. Podemos tener esa información lista para el lunes. ¿Le da esto suficiente tiempo para que decida antes del 1 de mayo?»

FASE CUATRO: TÚ ESTÁS SUPERANDO OBJECIONES; ELLA ESTÁ BUSCANDO SEGURIDAD

Durante cualquier fase del *GenderCycle Selling*™ puedes encontrar un obstáculo: la objeción. Las objeciones son las declaraciones de una clienta prospecto que revelan por qué ella *tal vez* no compre tu producto o servicio. Puede ser una aseveración como: «No necesito ese servicio en este momento», o «Ya compro esos productos a través de...»

Recuerda que una mujer va a analizar su decisión mientras habla. Así que mientras Samanta te esté hablando, todavía estás a la cacería. Ten en cuenta que ella está hablando mientras analiza la situación para asegurarse que tú y tu producto son justo lo que ella necesita. He aquí algunos consejos para darle esa confianza:

- ***Recibe la objeción como una manera de establecer vínculos.*** No le temas a una objeción; es una parte natural del proceso de compras de Samanta. Ella necesita evaluar sus riesgos, y luego mitigarlos. Cuando ella ponga reparos, pregúntate: «¿Cuál es su riesgo? ¿Qué daños pudieran traer nuestros servicios a sus relaciones? ¿Cómo puedo mitigar o eliminar ese daño?»
- ***Anticipa las objeciones.*** Ensaya respuestas para objeciones comunes. Aprende a hacerle preguntas a ella para entender a cabalidad e identificarte con las

objeciones y riesgos *reales.* Esto requiere que conozcas tu producto o servicio, y cómo se compara con tu competencia. Si tus honorarios son más altos, debes ser capaz de explicar qué valor o rendimiento de la inversión esta diferencia en honorarios va a traer. O, por ejemplo, si estás compitiendo contra una marca más grande o más reconocida, debes diferenciar tu producto menos conocido con un servicio más personal.

- ***Trata todas las objeciones con respeto y diplomacia.*** Reconoce la objeción de Samanta como legítima. Si es real para ella, es real para ti. Es posible que nunca puedas recuperarte si ignoras las preocupaciones de una mujer. Una vez reconocida como legítima la preocupación, ofrece maneras concretas para superar la objeción. Mejor aún, si has superado la misma objeción en el pasado con otros clientes (especialmente, otra mujer como ella), cita el ejemplo específico y resalta los armoniosos resultados. Por ejemplo, si Samanta objeta que tu precio es muy alto o más alto que el de tu competidor, no le has demostrado el valor de tu servicio. Usa su objeción para afianzar su confianza validando realmente su objeción —recuerda que nunca debes desestimar a una mujer— y luego aclarando tu valor: «Los honorarios por nuestros servicios pueden parecer más altos que el precio de la competencia. Sin embargo, nosotros incluimos instalación y entrenamiento, así como servicio continuo provisto por un equipo dedicado a usted».

- ***Replantea la objeción para que ella pueda oírla.*** Como se demuestra arriba, replantear la objeción puede reducir la magnitud de esta o le permite a la clienta prospecto modificar tu declaración (realmente, la de ella) para acercarte más a la verdadera objeción.

FASE CINCO: TÚ ESTÁS CERRANDO LA VENTA; ELLA ESTÁ AFIANZANDO LA RELACIÓN

Unos de los errores más graves que puedes cometer es no reconocer las señales de que tu clienta potencial está lista para comprar. A continuación algunos ejemplos que indican que las objeciones de Samanta han sido superadas y que está lista para los detalles prácticos de la implementación:

«¿Qué tan rápido podemos estar en funcionamiento?»

«Deme el costo total y cualquier opción para pagos».

(Por supuesto que vas a darle el costo total de los beneficios, así como el valor de esos beneficios para reducir sus costos, aumentar sus ganancias y para impactar positivamente a su equipo.)

«¿Qué contratos de mantenimiento o garantías están incluidos o disponibles?

«Necesito una lista de referencias que pueda

verificar». (Recuerda que ella confía en personas que conoce o que son amigas de amigas. Si no puedes ofrecer alguna de estas alternativas como referencia, entonces dale una referencia que sea mujer y con quien comparta experiencias similares. Esas son las referencias en las que ella confiará naturalmente pues ella cree que es más probable que entienda sus necesidades particulares.)

«Mi último abastecedor no cumplió a tiempo con lo ofrecido. ¿Cómo puedo estar segura de que esto no va a repetirse?»

«¿Qué otros servicios usted ofrece? ¿Tiene usted la capacidad para crecer a la par de las necesidades de mi compañía?»

«¿Cuándo puede usted darle una presentación o demostración a mi equipo?» (Esta pregunta está relacionada específicamente con su departamento, por el cual ella es responsable y al que tiene que rendirle cuentas, o en una situación del tipo D2C, su esposo o su familia.)

Cuando determines que ella está lista para decidir, usa preguntas de cierre que impliquen el acuerdo de seguir adelante:

«¿Preferiría el rojo o el azul?»

«¿Es más conveniente pautar la entrega en la mañana o en la tarde?»

«Para asegurar los precios de este año, ¿quiere que use la fecha del 31 de diciembre en la orden de compra?»

Entonces, guarda silencio. Dale a ella la oportunidad para decir sí.

FASE SEIS: TÚ TE CONVIERTES EN SU ASESOR DE CONFIANZA; ELLA SE CONVIERTE EN LA PERSONA MÁS INFLUYENTE

¡Felicidades! ¡Hiciste la venta! Terminó la parte más fácil. Ahora bien, pasar del cierre de la venta a un manejo de cuenta constante es parecido a tener la boda y luego pasar a ser un matrimonio. Si los novios y novias reasignaran la energía y los recursos que usaron en planificar la boda en planificar el matrimonio, nuestra tasa de divorcios caería en picada. Del mismo modo, si los vendedores invirtieran la misma cantidad de tiempo y energía que empeñan en cerrar la venta en el manejo de cuentas, las ventas se dispararían por las nubes. ¿Por qué? Porque tus tres mejores estrategias para crecer son:

1. mantener tu negocio actual;
2. vender productos más costosos y vender nuevos productos a clientes existentes; y
3. alentar a clientes entusiastas a que generen ventas por referencia.

He aquí algunas sugerencias para transformarte en el asesor de confianza *de ella*, en lugar de ser un simple vendedor.

- ***Planifica encuentros en persona.*** Para desarrollar una relación a largo plazo con una clienta, continúa afianzando la relación cara a cara —siéntate frente a Samanta para almorzar.
- ***Continúa estableciendo vínculos.*** Las mujeres establecen vínculos conversando. Tu trabajo es escucharlas e identificarte con ellas y con su equipo. Continúa posicionando tus servicios de modo que maximice la armonía entre aquellos a quienes ella influencia, enfatizando las relaciones positivas que se establecen por medio de tu producto y el impacto positivo que tiene tu producto en las personas por las que ella se preocupa —su nido.
- ***Facilítale el que promueva tu producto.*** Si a una mujer le gusta mucho tu producto o servicio, ella te promoverá activamente. Déjale algunas de tus tarjetas de presentación y redacta para ella un correo electrónico que describa el servicio que ofreces con un enlace a tu página en la Internet y tu dirección de correo electrónico. Organiza una fiesta para ella y sus amistades. Invítala a participar en actividades profesionales de socialización o para que sea la

oradora invitada en un panel de la industria donde discuta las aplicaciones de tus productos en su compañía.

- ***Cuando ocurra un desastre, es tu oportunidad para brillar.*** Las mujeres saben que los problemas sí ocurren y que van a ocurrir. Así que cuando tengas tu primer inconveniente importante con tu producto —y lo más probable es que ocurra sin importar lo mucho que trates de prevenirlo— míralo como una oportunidad para afianzar aún más tu relación con tu clienta. Usa los pasos a continuación, y tú y tu compañía van a disfrutar de una *mejor* relación con tu clienta luego de un problema:

1. ***Reconoce el problema inmediatamente.*** Aun cuando ella no sepa sobre el problema, y aunque sospeches que nunca se va a enterar, da a conocer la situación. Una de las lecciones más difíciles de aprender para los niños, el clero, los políticos y los empresarios —como se evidencia en el noticiero nocturno— no es que el problema sea imperdonable, es el encubrimiento.
2. ***Asume responsabilidad por el problema.*** Atrévete a decir: ¡La responsabilidad es mía!
3. ***Afirma que lo vas a resolver lo más rápido posible, cómo lo vas a resolver, y cuándo esperas que esté resuelto.*** Sobreestima el tiempo necesario, pues prefieres superar las expectativas.

4. ***¡Resuelve el problema!***
5. ***Envía un informe completo que incluya un proceso que asegure que el problema no va a volver a ocurrir.***

Si tuvieras que enfrentar un tiempo difícil en tu vida, ¿a quién te gustaría tener cerca para apoyarte? Lo más probable es que hayas pensado en varias personas con las que ya has compartido tiempos difíciles y que se han identificado sinceramente contigo, y con quienes has logrado superar pruebas. Cuando una clienta tiene un problema o enfrenta un obstáculo, tienes la oportunidad de establecer un vínculo con ella, y ella te incluirá en su círculo más íntimo de amigos confiables.

A lo largo de la historia, las mujeres han desconcertado a los hombres. Henry Higgins quería saber por qué una mujer no podía ser más como un hombre, y el Rey Arturo preguntó: «¿Cómo se maneja a una mujer?» Como hoy día las mujeres *son* responsables por más del ochenta por ciento de todas las compras al detalle, y aproximadamente de un cincuenta por ciento de todas las ventas en el mundo de los negocios, tanto los vendedores como las vendedoras quieren, naturalmente, entender el proceso de toma de decisiones de las mujeres.

Aunque las mujeres son criaturas complejas por naturaleza, ellas valoran muchísimo las relaciones y culturas armoniosas, la colaboración, el entendimiento y la empatía. Si la escuchas atentamente, y reconoces sus creencias y sentimientos mientras enfatizas los beneficios de tu servicio para las personas por las que ella se preocupa, y por las que es responsable, vas a ganar a una clienta y a una amiga de por vida.

10

DE COMPRAS CON ÉL

P: ¿Qué hace que un hombre sea un hombre?

R: Los ochenta y seis genes que se encuentran en el cromosoma Y.

El cromosoma Y tiene sólo ochenta y seis genes, comparado con cerca de mil genes operantes en el cromosoma X femenino. Debido a esta enorme discrepancia en los números genéticos reales, mucha gente ha asumido erróneamente que las mujeres son complejas y que los hombres son sencillos.

Si los hombres *son* más sencillos, lo son de una buena manera. El composición genética masculina es eficiente, enfocada, motivada y tiene el «combustible» para dejar su marca en el mundo. Y así mismo, por lo tanto, es él.

Con esto en mente, exploraremos ahora el ciclo de ventas masculino, no sólo desde tu punto de vista, sino, más importante aún, desde la perspectiva de él. Porque si hay sólo un principio de ventas cierto para los hombres es este: las ventas no tratan de ti ni de tu producto ni de tu servicio —tratan de él— tu cliente Y.

EL *GENDERCYCLE SELLING*™: DE COMPRAS CON ÉL

El ciclo de ventas tradicional del hombre también tiene seis fases principales que se enfocan en lo que tú puedes hacer para afianzar la confianza de un cliente y a fin de cuentas, su patrocinio. Prácticamente toda interacción va a seguir estas fases, ya sea que duren algunos minutos o algunos meses. El *GenderCycle Selling*™ se enfoca no sólo en lo que tú haces durante cada fase sino en lo que tu cliente está pensando durante cada una de estas fases clave. Si entiendes sus valores, preferencias y procesos de pensamiento, puedes adaptar tu metodología de ventas y mercadeo para acortar el ciclo de ventas, cerrar más ventas y desarrollar relaciones duraderas con tus clientes varones. En su ciclo dentro del *GenderCycle Selling*™ :

Tú...	*Y él...*
1. Estás en la búsqueda de clientes potenciales calificados	1. Está despistado

2. Estás preguntando y escuchando
3. Estás haciendo tu presentación
4. Estás superando objeciones
5. Estás cerrando la venta
6. Eres promovido a asesor de confianza

2. Está contestando y evaluándote
3. Está analizando y priorizando
4. Te está retando
5. Está superando un problema
6. Se convierte en el jefe

ESCENARIOS DE VENTAS

Para este ejemplo, he aquí tus dos escenarios de ventas para él.

El primero es una situación de negocio-a-negocio (B2B, por las siglas en inglés), y el segundo es un ejemplo de venta al detalle o directo-al-consumidor (D2C, por las siglas en inglés). Recuerda que un ciclo de ventas B2B típicamente pasa por todos estos pasos, mientras que una venta al detalle o D2C puede que lo haga o puede que no.

B2B

- Tu nombre es Lynn, una vendedora de ABC Solutions, una compañía que ofrece servicios tecnológicos para las redes de computadoras.
- Tu cliente potencial es Ed, gerente del departamento de tecnología de XYZ, Inc., un proveedor local de servicios de seguro para individuos y corporaciones.
- Tu meta es crear el camino más corto para identificar a un cliente potencial calificado y luego establecer una relación duradera con ese cliente utilizando las herramientas aprendidas hasta el momento.

Al detalle o D2C

- Tu nombre es Lynn, una planificadora financiera de ABC Solutions.
- Tu cliente potencial es Ed, el gerente del departamento de tecnología de XYZ, Inc., un proveedor local de servicios de seguro para individuos y corporaciones.
- Tu meta es crear el camino más corto para identificar a un cliente potencial calificado y luego establecer una relación duradera con ese cliente utilizando las herramientas aprendidas hasta el momento.

Así que aquí lo tienes, Lynn. Armada con tu conocimiento de lo que motiva a Ed, pasemos por el ciclo de ventas de él.

FASE UNO: TÚ ESTÁS EN LA BÚSQUEDA DE CLIENTES POTENCIALES CALIFICADOS; ÉL ESTÁ DESPISTADO

Como fue el caso al comenzar el ciclo de ventas de ella, estoy asumiendo que conoces tu mercado objetivo masculino y que encontrar clientes potenciales calificados es el primer paso natural en el proceso de ventas. El paso dos, entonces, es entender las necesidades de él y posicionar tu ofrecimiento como la mejor solución estratégica para suplir esas necesidades.

Los siguientes pasos te ayudarán a conectarte con tus clientes potenciales. Pero en este punto, asumamos que Ed, tu cliente potencial, está completamente despistado. Él no te conoce, ni conoce a tu compañía, ni tu servicio y quizás ni se ha dado cuenta de que necesita tu producto. Para posicionar tu producto como el mejor amigo de este hombre:

1. Crea conciencia

Capta la atención de Ed con una campaña publicitaria que:

- ***tenga movimiento.*** Los hombres captan el movimiento.
- ***lo rete*** a solucionar un problema.

- ***posicione tu producto*** como la única herramienta que él necesita.
- ***lo destaque*** como un héroe independiente.
- ***lo considere*** como el ganador.

2. Descubre qué es lo que él busca

Una vez que has identificado a Ed como la persona que toma decisiones en su compañía, tienes que averiguar lo más posible sobre su misión personal antes de hacer tu acercamiento. Luego, en cada contacto, vas a descubrir más sobre qué lo motiva. Cuando entiendes cuál es su búsqueda —la marca que quiere dejar en el mundo— puedes entonces planificar tu estrategia de ventas para posicionar tu producto o servicio como una herramienta para su éxito.

¿Cómo haces tus averiguaciones sobre Ed? Como hiciste con Samanta, busca artículos en la Internet sobre los clubes y las organizaciones a las que él pertenece o donde juega un papel importante. Tal vez es miembro de la Cámara de Comercio, o pertenece a la junta de directores de una organización sin fines lucrativos, o juega en alguna liga deportiva. También puedes recurrir a tu red de amistades y asociados profesionales. Una conversación de cinco minutos con alguien que haya trabajado con Ed o para él, puede proveerte una perspectiva incalculable sobre las instituciones a las que él más valora.

3. Haz el primer contacto

Una vez que has identificado a Ed como tu «individuo», contáctalo. Y otra vez, igual que hiciste con Samanta, uno de los contactos iniciales más comunes es una «llamada en frío», hecha por teléfono o en persona. Estos consejos te ayudarán a transformar tus *«llamadas en frío»* en *cálidos clientes potenciales.* Algunos son más viables que otros, pero todos tienen la capacidad de eliminar la incomodidad de la primera conversación.

- ***Identifica sus equipos.*** Descubre cuál es su alma máter, los clubes y las compañías y organizaciones anteriores con las que ha estado afiliado.
- ***Asóciate o visítalos.*** Si es viable, asóciate a alguno de sus grupos o visítalo con algún otro miembro que conozcas. En el capítulo 8 aprendiste que los hombres confían en las personas con las que comparten una membresía de grupo objetiva. Su «grupo *in*» es su equipo, su compañía o un club. El club puede ser un grupo específico de su industria, un club de ex alumnos, de deportes, un Club Rotario, Cámara de Comercio, o su organización sin fines de lucro preferida. Los hombres confían en los miembros de su equipo y valoran los roles específicos en una organización. Si por alguna razón no puedes unirte ni participar, también puedes tratar de encontrar a alguien en tu compañía que ya sea miembro. Aun cuando él no posea ninguna destreza como

vendedor, pídele a tu compañero de trabajo que haga el contacto con Ed usando el equipo compartido como conexión. Si bien esto no tiene tanto impacto como el que seas tú miembro, al menos te presenta como un miembro extendido del equipo de Ed.

- ***Asegúrate de conocer el objetivo de tu llamada.*** Al igual que con Samanta, ya sea que quieras obtener una cita o evaluar el interés que el cliente tiene en tu producto o servicio, tu meta es obtener permiso para pasar al siguiente paso.
- ***Envía una carta o un correo electrónico conciso para presentarte.*** Incluye un enlace a tu sitio en la Internet y una razón convincente para que hable contigo, especifica la fecha en la que vas a llamar a Ed y lo que esperas que ocurra luego de esa llamada. Mientras que Samanta necesita sentir una conexión relacional contigo a través de este primer correo electrónico, Ed quiere que sea corto y simpático. He aquí un ejemplo de un corto correo electrónico a Ed, gerente del departamento de tecnología de XYZ, Inc., de tu parte, Lynn, vendedora de ABC Solutions. El lenguaje «masculino» aparece en cursiva.

Estimado Ed:

Soy la directora de programa de *su Club Rotario* y estoy impresionada por *su éxito* en la consolidación de

XYZ como la compañía líder de seguros local, según apareció publicado en el periódico de hoy. Obviamente usted ha *cimentado* unas bases sólidas y está en posición de *expandirse* regionalmente. Mi compañía, ABC Solutions, provee servicios de información y tecnología, y le ofrece la plataforma necesaria para *lanzar* sus servicios tanto a nivel regional como nacional. Le llamaré el viernes 23 de abril para concertar una cita.

Lynn

- ***Haz la llamada.*** El viernes, con tus notas y el calendario al frente, haz la llamada.

«Ed, le habla Lynn, la *directora de programa* de *su Club de Rotarios* del centro de la ciudad. El martes le envié información sobre mi compañía, ABC Solutions, en respuesta al artículo sobre su compañía que publicó el periódico el martes. ABC ofrece la mejor *herramienta* en información y tecnología para *lanzar* sus servicios a nivel regional y nacional. Me gustaría apartar un tiempo en el que podamos conversar más sobre los planes de crecimiento de XYZ y el *rol* que ABC puede *jugar* para *alcanzar su próxima meta.* ¿Está usted disponible en algún momento durante la semana próxima?»

El anterior correo electrónico de presentación y la primera llamada presenta brevemente tu propósito, te establece como miembro de su equipo, destaca el éxito de él, usa palabras orientadas a los resultados y por lo tanto, resuena con este cliente potencial masculino.

Nota que tampoco comencé con «¿Recibió el correo electrónico que le envié?» Tanto Ed como Samanta usarán ese error como una oportunidad para deshacerte de ti rápidamente.

FASE DOS: LA PRIMERA REUNIÓN—TÚ ESTÁS PREGUNTANDO Y ESCUCHANDO; ÉL ESTÁ CONTESTANDO Y EVALUÁNDOTE

Recuerda que en esta fase tú estás recopilando información. Estás simplemente escuchando, todavía no estás verbalizando tu oferta.

Debes seguir los pasos expuestos a continuación para descubrir la información que necesitas para posicionar acertadamente tu ofrecimiento como la perfecta solución para Ed, tu cliente potencial. Durante esta fase en particular, Ed está contestando tus preguntas y evaluándote. Está decidiendo si calificas para el equipo pretemporada. He aquí lo que tienes que hacer para permanecer en el juego:

- ***Asume la posición.*** Durante el primer encuentro debes ser amigable y profesional. Recuerda, a los hombres les gusta pararse hombro con hombro, con el plan de juego frente a ellos, mirando hacia el mundo que van a conquistar. Imagínate a Ed como el líder o el mariscal de campo, y párate como si fueras el jugador clave en su equipo para ganar el juego.

- ***Haz preguntas que resuenen con un hombre.*** Capta el interés de Ed haciendo preguntas abiertas que le alienten a revelar su situación actual y a pensar en posibles soluciones. Recuerda que en el caso de una mujer querías conocer sus *sentimientos* sobre las soluciones y las posibles soluciones, incluyendo cómo estas afectarían a los miembros de su equipo. No es así para él. Algunas excelentes preguntas para Ed son:

«El artículo en el periódico sobre el crecimiento de XYZ me pareció fascinante. ¿Cuáles fueron los factores clave que contribuyeron a su crecimiento?»

«Es evidente que usted está en posición para lanzar a su compañía al próximo nivel. ¿Qué pasos necesita dar para lograrlo?»

«Coménteme sobre los obstáculos e impedimentos en su camino».

«Mirando al futuro, ¿cómo se vería el éxito para usted y su compañía dentro de un año, tres años y cinco años?»

«¿Qué tipo de legado le gustaría, personalmente, dejar para su compañía o departamento?»

Si eres mujer, recuerda, *no* interrumpas a Ed.

Interrumpir para decir: «Sé exactamente cómo usted se siente. Eso me ocurrió a mí...» puede demostrar empatía para ti, pero él no está buscando empatía. Él quiere terminar de presentar su punto. Sé amigable y sincera durante el encuentro. El humor es siempre una ventaja con Ed. Sólo asegúrate de que tu broma sea apropiada y realmente graciosa. (Si no estás segura, haz la prueba con otro hombre de confianza.)

- ***Termina con acción.*** De la misma manera que lo lograste durante el primer encuentro con Samanta, has evitado hablar de tu producto, solución o compañía. Tu encuentro se está acercando al final, y has escuchado a Ed y entiendes perfectamente su situación. Ahora es el momento de hacer una afirmación final que cree un entendimiento mutuo y la confianza de que puedes producir resultados. Sé conciso y usa el mismo tipo de palabras de acción dirigidas a hombres que utilizaste en tu primer correo electrónico, y enfócate en él, no necesariamente en su equipo.

«Ed, agradezco su tiempo y fue un placer escuchar la historia de XYZ. ABC tiene una posición única para trabajar con XYZ en el lanzamiento de sus servicios a nivel regional para que así usted pueda alcanzar su meta de convertirse en el líder en su industria en tres años. Voy a compartir las metas y los obstáculos que discutimos hoy con los expertos en mi equipo y vamos a desarrollar un plan. ¿Podemos escoger una fecha la semana entrante para traer a mi equipo y presentar nuestro plan?»

Una vez confirmes la hora y la fecha, llegó el momento de planificar tu presentación.

FASE TRES: TÚ ESTÁS HACIENDO TU PRESENTACIÓN; ÉL ESTÁ ANALIZANDO Y PRIORIZANDO

Este es el momento cuando Ed va a descubrir que realmente escuchaste, que has hecho tu tarea y que puedes añadir valor a sus esfuerzos y metas. A continuación algunas ideas clave para que «des la talla» con Ed y con sus compañeros de equipo, a quienes tal vez conozcas por primera vez. Recuerda seguir usando durante todo el ciclo de ventas los consejos presentados en la Fase Dos: asume una posición hombro con hombro, enfócate en el plan de acción y en el legado que va a dejar a su departamento o compañía. Y pase lo que pase, no lo interrumpas.

- ***Muestra entusiasmo.*** La confianza y el entusiasmo son contagiosos, y le demuestran a Ed que tú conoces y crees en lo que estás hablando.
- ***Olvídate de los datos, vende con historias.*** Comienza ya sea contando una historia sobre un cliente parecido y los resultados que él tuvo, o cuenta la historia de Ed

y de su equipo, con sus logros actuales y una visión de adónde ellos quieren llegar. Luego prosigue a contar sobre tu rol en la historia. Recuerda, no menciones «ayudar» a Ed. Él no quiere que lo ayuden. Ed quiere a alguien que pueda pararse a su lado y que resuelva el problema con seguridad. Sé la persona corresolutiva, no el salvador. Tu producto o servicio es la herramienta que él va a usar para resolver el dilema.

- ***Enfócate en ellos.*** Al igual que con tu clienta potencial, aún en la Fase Tres Ed no está realmente interesado ni en ti ni en tu compañía. Reserva los detalles para más tarde. A Ed le interesa Ed, *su* departamento, *su* desempeño y *su* compañía. Y los asociados de Ed —las otras personas que tienen alguna influencia en la decisión final de comprar o no lo que les estás vendiendo— también están preocupados por sus propias necesidades y su desempeño. No te enfoques en ti ni en tu compañía. Tu trabajo es convencerlos de que estás preocupado e interesado en ellos.
- ***Confirma la situación actual.*** Dile a todo el mundo en el grupo: «Cuando me reuní con Ed la semana pasada, él delineó sus metas como: 1. ______, 2. ______ y 3. ______. Además me dijo que estos eran los obstáculos que ustedes están enfrentando: 1. _____, 2. _____ y 3. _____. Ed, ¿cree que he pasado algo por alto? ¿Alguien más tiene algo que

necesitemos atender o algún factor clave que hayamos pasado por alto?» Al incluir esto en tu presentación, confirmas que escuchaste a Ed, que valoras la opinión de sus compañeros de equipo y que vas a continuar siendo flexible y creativo mientras suples sus necesidades.

- ***Enfoca los beneficios, no las características.*** No olvides que los beneficios son los que impulsan a la gente a comprar —no las características. Cuando le vendes a un hombre como Ed, enmarca los beneficios de tu servicio como la herramienta máxima para lograr sus metas. «Ed, ABC Solutions puede asegurar que tu equipo o compañía se convierta en el líder de tu industria en tres años con el lanzamiento de ________, lo cual producirá ________ resultados...»
- ***Utiliza palabras de acción vívidas.*** Para hacer eco en Ed y los otros hombres en la presentación (usa los consejos del capítulo 9 para conectarte con las mujeres en el grupo) utiliza palabras que expresen acción de una forma vívida. *Explorar, realizar, ganar, conquistar, rápido, balance, resultado, superar* y *metas* son palabras que representan movimiento y resultados.
- ***Destaca a tu equipo de expertos.*** Ya que es aburrido escuchar a una sola persona hablar por más de diez minutos, involucra a los miembros de tu equipo con preguntas que resalten su pericia. Esto demostrará la profundidad de tu compañía y te ofrece una

mayor oportunidad para conectarte con la diversidad de personalidades en el equipo de tu cliente potencial.

- ***Involucra a todos los miembros del equipo de tu cliente potencial.*** No te dirijas sólo a Ed. Mira y dirígete a los demás miembros de su equipo. Si alguna de las personas clave de Ed a la hora de tomar decisiones se siente ignorada o que la has pasado por alto, él o ella puede echar a perder la venta. Cerciórate de que cada miembro del equipo esté involucrado en la solución. Tienes que asegurarte que el cliente se siente dueño de la solución. Es la solución del equipo de Ed y tú simplemente se la estás explicando, no estás presumiendo de tu solución.
- ***Cierra estableciendo prioridades con un llamado a la acción.*** Lo único que necesitas para avanzar es la decisión de Ed. Recuerda, a él le gusta priorizar y actuar. No añadas ahora ningún otro factor en la decisión. Solicita con confianza que te dé la oportunidad de ofrecer tus servicios o producto. Presenta un cuadro del nuevo futuro y pídele un compromiso para pasar al siguiente paso.

Si él necesita tiempo o tú debes proveerle información adicional, establece claramente cuándo vas a tener lista la información, y para cuándo necesitas que él tome su decisión.

«Nos ha pedido que desglosemos los costos específicos de la instalación y podemos tenerlos listos para el lunes. Para poder cumplir con su fecha de lanzamiento del 1 de julio, necesitamos su confirmación para el 1 de mayo».

FASE CUATRO: TÚ ESTÁS SUPERANDO OBJECIONES; ÉL TE ESTÁ RETANDO

No olvides que los hombres valoran el respeto propio por encima de la autoestima. Si bien la autoestima es inherente, el respecto propio hay que ganárselo. Y la mejor manera para ganar el respeto de un hombre es que él sea testigo de cómo superas un obstáculo. Si vas a ser un miembro clave en el equipo de Ed y tu producto va a ser una herramienta integral de su arsenal, él tiene que estar seguro de que puedes superar obstáculos. Considera cualquier objeción como su manera de preparar el escenario para que demuestres que mereces ser su compañero de equipo. He aquí algunos consejos para sacar el mayor provecho a las objeciones de Ed:

- ***Recibe la objeción como un reto que debes superar.*** Cualquier objeción de Ed o de su equipo es un terreno de prueba crítico para ti. Ed necesita ganar acceso a sus riesgos y luego mitigarlos. Cuando él ponga algún reparo, pregúntate: «¿Cuál es su riesgo y cómo puedo eliminarlo de la manera más rápida y realista posible?»

- ***Anticipa las objeciones.*** Igual que hiciste con Samanta, prepara con anticipación tus respuestas a las objeciones comunes. Cuando surja una nueva, hazles preguntas a Ed y a su equipo para descifrar las objeciones y los riegos *reales*.
- ***Trata todas las objeciones con respeto y diplomacia.*** La percepción es la realidad hasta que se pruebe lo contrario. Reconoce la objeción de Ed como legítima y luego ofrécele los pasos concretos para superarla. Como hiciste con Samanta, preséntale una objeción pasada que tu equipo transformó en un resultado ganador.
- ***Replantea la objeción para que él pueda oírla.*** Reduce la magnitud de la objeción de Ed permitiéndole que modifique la declaración y que aclare la verdadera objeción. Esto, con frecuencia, facilita tu tarea de abordar y resolver la verdadera objeción.

FASE CINCO: TÚ ESTÁS CERRANDO LA VENTA; ÉL ESTÁ RESOLVIENDO SU PROBLEMA

Un grave error que muchos cometen es no reconocer las señales de que tu cliente potencial está listo para comprar. A continuación algunos ejemplos que indican que Ed está ya listo para aplicar la solución:

«¿Cuándo podemos empezar?»

«¿Cuáles son las opciones de pago?» (Recuerda que aquí vas a darle el costo total de los beneficios, así como el valor de esos beneficios para reducir sus costos o aumentar sus ganancias.)

«¿Qué contratos de mantenimiento o garantías están incluidos o disponibles?

«Necesito una lista de referencias que pueda verificar». (No olvides que él confía en las personas de su compañía, organización, u otros ex miembros de sus organizaciones. Ofrécele referencias de personas en las que él va a confiar naturalmente.)

«¿Qué garantías puede darme de que va a cumplir a tiempo con lo ofrecido?»

«¿Qué otros servicios usted ofrece?»

Cuando sea evidente que Ed está listo para decidir, usa preguntas de cierre que impliquen el acuerdo de seguir adelante:

«¿Preferiría el contrato oro o platino?»

«¿Es más conveniente pautar la instalación en la mañana o en la tarde?»

Una vez hayas planteado tus preguntas activas, dale a él la oportunidad para decir sí.

FASE SEIS: TÚ ERES PROMOVIDO A ASESOR DE CONFIANZA; ÉL SE CONVIERTE EN EL JEFE

¡Cerraste la venta! Ahora pasas al manejo de cuenta constante y comienza la relación real. No seas cegato y socaves la base de tu negocio. Recuerda que independientemente de la industria a la que pertenezcas, tus tres mejores estrategias para crecer son:

1. mantener tu negocio actual;
2. vender productos más costosos y vender nuevos productos a clientes existentes; y
3. alentar a clientes satisfechos que generen ventas por referencia.

Para terminar, he aquí algunas sugerencias para transformarte en el asesor de confianza de Ed, en lugar de ser un simple vendedor.

- ***Procede y conquista.*** Para desarrollar una relación a largo plazo con un cliente, continúa resolviendo problemas hombro con hombro —siéntate al lado de Ed, en lugar de al frente cuando almuerces con Ed. Mejor aún, siéntate en la barra del restaurante. Él preferirá la posición y disfrutará de forma natural el movimiento detrás del mostrador.
- ***Continúa estableciendo vínculos.*** Los hombres establecen vínculos a través de actividades compartidas. El golf

y los eventos deportivos te posicionan al lado de tu cliente, mientras que a la vez comparten una experiencia de actividad emocionalmente gratificante. Lleva a Ed a un partido de béisbol.

- ***Cuando ocurra un desastre, es tu oportunidad para brillar.*** Ante los ojos de un hombre, no puedes ganarte su absoluto respeto hasta que te hayas levantado de una caída, te hayas sacudido el polvo y hayas empezado de nuevo. A través de los siguientes pasos, usa tu primera caída como una oportunidad para profundizar el respeto de Ed por ti y tu compañía:

1. ***Reconoce el problema inmediatamente.*** Aun cuando él no sepa sobre el problema, y sospeches que no se va a enterar.
2. ***Asume responsabilidad por el problema.*** No se te ocurra, ni por un segundo, echarle la culpa a otra persona. Ed respetará tu integridad aunque él la ejemplifique o no personalmente.
3. ***Afirma que lo vas a resolver lo más rápido posible, cómo lo vas a resolver, y cuándo esperas que esté resuelto.*** Asegúrate de no meter la pata por segunda vez exagerando tu rapidez para solucionar el problema. En todo caso, sobreestima el tiempo que te tomará. Ed se sentirá agradecido cuando no te tome tanto tiempo, y tú quedarás como el camarada luchador.
4. ***¡Resuelve el problema!*** Si llegas hasta el Paso 3 y nunca cumples con este paso, el respeto de Ed por ti se

reducirá significativamente. Él lo verá como una señal de que no puedes superar un problema. Y si no puedes superar uno, ¿cómo puede él confiar en que superarás otro? Esta falta de cumplir a cabalidad puede llevarte o a perder una cuenta o, por lo menos, a mucha renuencia para renovar los servicios.

5. ***Envía un informe completo que incluya un proceso que asegure que el problema no va a volver a ocurrir.*** Presenta un informe realista —no con teorías «castillos en el aire»— porque tu capacidad para solucionar los problemas en la marcha es un elemento crítico en la mente de tu cliente potencial masculino.

Las mejores personas en las que puedes confiar durante tiempos difíciles son aquellas que han atravesado sus propias tormentas. Cuando Ed tiene un problema o enfrenta un obstáculo, tómalo como una oportunidad para ganarte un lugar en su círculo más íntimo de amigos de confianza.

Si bien es cierto que los hombres comprenden el veinte por ciento de todas las ventas al detalle, el porcentaje aumenta hasta cerca de un cincuenta por ciento cuando se trata de artículos más costosos como efectos electrónicos, mejoras a la casa y equipo deportivo. Los hombres también controlan o influencian muchas ventas del tipo negocio-a-negocio. Mientras que los vendedores tienen un sentido innato de cómo unirse al equipo masculino, las vendedoras aumentarán su efectividad con los hombres entendiendo sus valores y su proceso para tomar decisiones.

No olvides que los hombres se sienten naturalmente atraídos a la acción. Ellos valoran más la independencia, los resultados, un rol determinado, la superación de obstáculos y a alguien que esté afiliado a sus instituciones o clubes. Si participas activamente en su equipo, con un rol definido que produzca resultados, vas a ganar a un cliente y a un amigo de por vida.

conclusión

PENSAMIENTOS FINALES SOBRE *DE COMPRAS CON ÉL Y ELLA*

En su famoso sencillo, *Forever and Ever Amen* [Por siempre y para siempre, amén], Randy Travis resumió los distintos intereses de los hombres y las mujeres cantando que los viejos hablan del clima, y las viejas hablan de los viejos.

Desde el principio de los tiempos, sólo podemos teorizar que la prioridad número uno de un hombre ha sido concentrarse en el ambiente exterior —lo que está ocurriendo allá afuera en el mundo. Nota que el símbolo para hombre (♂) realmente tiene una flecha que apunta hacia fuera. Este enfoque externo ha beneficiado al mundo, pues los hombres han sido los líderes en la conquista de los océanos, nuevas tierras y el espacio.

En lugar de enfocar la mayor parte de su energía en factores externos, tales como el clima, las mujeres históricamente han prestado mayor atención en influenciar y entender las relaciones humanas. Las mujeres han tenido la tarea principal de criar, de manera segura, la próxima generación de adultos.

Los roles históricos y las prioridades de los hombres y las mujeres han funcionado adecuadamente para nuestra especie. Nos balanceamos y nos realzamos mutuamente muy bien —y espero que hayas visto esto como un importante hilo entretejido a lo largo de todo el libro. Otro hilo igualmente importante es que el conocimiento y el respeto por las tareas y labores del sexo opuesto son críticos no sólo para nuestra supervivencia como especie, sino también para nuestra economía (y francamente, para nuestra sanidad mental). Si aquellos de nosotros que somos profesionales en las áreas de ventas y mercadeo nos volvemos expertos en entender a nuestro propio sexo y al sexo opuesto por igual, no hay límites para lo que podemos alcanzar. Tendríamos a nuestra disposición una inmensa variedad de herramientas y talentos, para el éxito continuo y una enorme trascendencia. Además de esto, los políticos, los proveedores de servicios de salud, los educadores y el clero de todas las denominaciones harían bien en reconocer las fortalezas innatas y específicas de ambos sexos, y debieran comenzar a facultar a todos los individuos para que usen sus talentos únicos para hacer de este mundo un lugar mejor.

PREGUNTAS Y RESPUESTAS CON LA AUTORA

Siempre separo un tiempo para una sesión de preguntas y respuestas al final de cada charla. Estas sesiones han probado ser una de las experiencias más reveladoras (y graciosas) de esos eventos. Como la mente trabaja por asociación, cuando presento *De compras con él y ella* la audiencia relaciona naturalmente la información y las historias a sus propias experiencias. Los publicistas, los especialistas en mercadeo y los vendedores son personas naturalmente curiosas *y* tienen curiosidad por la gente. He incluido la sección de preguntas frecuentes que sigue a continuación puesto que imagino que tal vez te estés haciendo las mismas preguntas.

P. ¿Qué motivó su interés en estudiar cómo las diferencias entre los géneros afectan las ventas y el mercadeo?

R: En marzo del 2002, mientras hacía una escala en el aeropuerto de Las Vegas con mi familia, entré a una tienda de libros. De inmediato captó mi atención el recién publicado libro en tapa dura *The Wonder of Girls* [La maravilla de las niñas] de Michael Gurian. Había estado viajando nueve horas con mis hijas, en aquel entonces de seis y cuatro años, y estaba comenzando a sentir algo de afinidad con las especies que se comen a sus cachorros. Afortunadamente, me devoré el libro en vez de mis hijas. Fascinada por las explicaciones biológicas de la conducta de mis hijas y de las de una mujer de cuarenta y tantos años como yo, estudié minuciosamente otros libros que discutían diferencias biológicas entre los géneros que afectan la conducta.

Como he pasado toda mi carrera profesional en las áreas de mercadeo y ventas, y tengo un cerebro femenino claramente diferenciado, mi cerebro automáticamente clasifica la mayoría de la información a través del filtro «¿cómo se relaciona esto con el mercadeo?» De ahí nació *De compras con él y ella*.

P: ¿Cómo es que el cerebro se vuelve «femenino diferenciado» o «masculino diferenciado»?

R: En el momento de la concepción, el feto humano es dotado con un cromosoma X, a través de la madre, y un cromosoma X o Y a través del padre. Entre las semanas seis y ocho de la gestación, si el feto tiene dos cromosomas X, las hormonas femeninas son liberadas para comenzar a formar órganos femeninos, incluyendo el cerebro. Si el feto tiene un cromosoma X y uno Y, un cóctel hormonal diferente con una doble porción de testosterona es liberado, y los órganos masculinos —incluyendo un cerebro masculino diferenciado— comienza a desarrollarse. Durante otros momentos críticos en la gestación, el cerebro del feto es «lavado» con hormonas femeninas o masculinas. Y claro está, este «lavado cerebral y corporal» de hormonas continúa en momentos críticos luego del nacimiento, y uno de los más notables es la pubertad.

P: ¿Por qué algunos hombres tienen cerebros femeninos diferenciados y algunas mujeres tienen cerebros masculinos diferenciados?

R: Los biólogos han probado un vasto espectro de diferencias cerebrales entre los hombres y entre las mujeres. Así que mientras estudian los cerebros femeninos y masculinos, también están conscientes de que hay ciertos rasgos en un cerebro femenino o masculino diferenciado que una mujer o un hombre puede que no tengan. Por ejemplo, existen mujeres con cerebros femeninos diferenciados que tal vez nunca hablen de sus sentimientos, y hombres con cerebros masculinos diferenciados que pueden discutir sin ningún problema sus emociones.

Los científicos estiman que aproximadamente un diez por ciento de las mujeres tiene cerebros masculinos diferenciados, y entre un quince a un veinte por ciento de los hombres tiene cerebros femeninos diferenciados.

En su libro *The Owner's Manual for the Brain* [Guía del usuario para el cerebro], Pierce J. Howard, PhD, destaca los siguientes eventos durante el embarazo que pueden afectar los niveles hormonales de la criatura en gestación:

- mutaciones dentro de la materia cromosómica
- estrés significativo o sostenido; como por ejemplo, una guerra, una violación o el duelo por la muerte de un ser querido, los cuales suprimen la testosterona
- disfunción renal; tal como la hiperplasia suprarrenal congénita, la cual produce demasiada testosterona
- inyecciones, como cuando las madres toman estrógeno para la diabetes
- barbitúricos (tomados por cinco por ciento de las mujeres embarazadas entre las décadas de los cincuenta y los ochenta).
- un cromosoma adicional (XXY en un niño produce un bajo nivel de testosterona)

P: ¿Son homosexuales los hombres con cerebros femeninos diferenciados o lesbianas la mujeres con cerebros masculinos diferenciados? ¿Acaso esto determina la preferencia sexual?

R: Absolutamente no. Además, la inmensa mayoría de los hombres con cerebros femeninos diferenciados y las mujeres con cerebros masculinos diferenciados son heterosexuales.

P: ¿Existe alguna manera de saber si tengo altos niveles de testosterona?

R: Sorprendentemente, sí. Sólo tienes que medir tu dedo anular y comparar la medida con la de tu dedo índice para obtener lo que los científicos llaman el «ratio del dedo». Mide la distancia entre ambos pliegues en cada dedo. Al mismo tiempo que las hormonas sexuales en el vientre diferencian el cerebro masculino y femenino, estas también afectan el largo de los dedos. Mientras mayor haya sido tu exposición a la testosterona, más largo va a ser tu dedo anular en comparación con tu dedo índice. El ratio promedio de los dedos para una mujer es 1.0, lo que significa que el dedo anular y el dedo índice son del mismo largo. El ratio promedio para los hombres es .98, lo que significa que el dedo anular es un poco más largo que el dedo índice.

Usando esta técnica de medir tus dedos es muy probable que seas capaz de confirmar lo que ya sabes sobre ti mismo(a). Por ejemplo, yo tengo un cerebro femenino diferenciado, pero mi nivel de testosterona en el vientre también fue alto. Si bien es cierto que soy muy diestra en llevar a cabo multitareas, que soy una conversadora prolífica, y que soy sensible y emocional, también soy muy asertiva. Y mi dedo anular es más largo que mi dedo índice.

P: ¿Por qué los hombres no deben hablar sobre las diferencias entre los géneros?

R: Porque muchas mujeres son demasiado susceptibles a que alguien les diga que no pueden llevar a cabo alguna tarea o trabajo, o que no pueden tener el mismo desempeño de un hombre. Y con mucha razón, pues muchas de nosotras hemos escuchado a hombres y mujeres decir o inferir justo esto —en mi ceremonia de graduación de maestría en administración de hospitales y salud, mi abuela se volteó hacia mi padre y le dijo: «Ella haría que algunos hombres parecieran excelentes secretarias».

Ahora eres un hombre bien informado, pero todavía no te recomiendo que comentes sobre este tema en tu próxima reunión social de negocios o en tu almuerzo con un cliente. Es muy fácil que te malentiendan.

P: ¿Acaso son las mujeres «compradoras económicas», y más leales a sus vendedores o ejecutivos de cuenta existentes?

R: Las mujeres valoran las relaciones por encima de todo. Concéntrate en establecer y mantener una excelente relación. A las mujeres también les gusta ayudar a los demás. Ellas distribuirán tus tarjetas de presentación o le enviarán la dirección de tu sitio en la Internet a alguien que necesite el servicio que tú ofreces para ayudar a su amigo(a) y a ti.

P: Soy una mujer que hace el noventa por ciento de sus presentaciones de ventas a hombres, y estos son los que toman las decisiones finales. ¿Cuál es la mejor manera de abordarles y hacer que se den cuenta de que soy una experta en mi campo?

R: La mejor forma para ganar el respeto de un hombre es ser la mejor especialista en un rol específico en su equipo. Piensa:

¿qué destreza puedo añadir a su misión? Los hombres respectan y confían en otras personas que son miembros de sus organizaciones. Pertenece a las organizaciones a las que él pertenece, y juega un papel activo y visible.

P: ¿Sirven sus consejos en situaciones personales también?

R: Sí, casi siempre funcionan.

P: Cuando viene de una mujer, ¿acaso «tal vez» significa «tal vez» en lo que respecta a una cita amorosa?

R: Lamentablemente, cuando le pides a una mujer que acepte tu invitación a salir, y ella contesta «tal vez», es muy probable que te esté diciendo «no» de una manera muy cortés. Lo siento.

NOTAS

Capítulo 1: Intencionalmente diferentes

1. Marti Barletta, *Mercadeo to Women: How to Understand, Reach, and Increase Your Market Share of the World's Largest Market Segment* (Chicago: Dearborn Trade Publishing, 2003), p. 10.
2. Ibid.
3. Ministerio de Trabajo de los Estados Unidos, "Quick Stats 2007", noviembre 2007, http://www.dol.gov/wb/stats/main.htm.
4. Linda Tischler, "Where the Bucks Are", Fastcompany.com, ejemplar 80, marzo 2004, http://www.fastcompany.com/magazine/80/realitycheck.html (ver el párrafo 9).
5. Michael Gurian, *What Could He Be Thinking?: How a Man's Mind Really Works* (Nueva York: St. Martin's Press, 2003), p. 15 [*¿En qué estará pensando?: Cómo*

funciona realmente la mente masculina (Barcelona: Urano, 2005)].

6. Helen Fisher, *The First Sex—The Natural Talents of Women and How They Are Changing the World* (Nueva York: Ballantine Books, 1999), p. 60 [*El primer sexo: Las capacidades innatas de las mujeres y cómo están cambiando el mundo* (Madrid: Punto de Lectura, 2001)].
7. Pierce J. Howard, *The Owner's Manual for the Brain—Everyday Applications from Mind-Brain Research* (Atlanta: Bard Press, 2000), p. 219.
8. Rita Carter, *Mapping the Mind* (Londres: University of California Press, 1998), p. 71.
9. Howard, *The Owner's Manual for the Brain*, p. 230.
10. Elizabeth Hill, "The Labor Force Participation of Older Women: Retired? Working, Both?" *Monthly Labor Review*, septiembre 2000: pp. 39–49, http://www.bls.gov/opub/mlr/2002/09/art4full.pdf.

Capítulo 2: **Buyoscience:** *La ciencia detrás de las compras*

1. Mary Carmichael, "Neuromercadeo: Is It Coming to a Lab Near You?", http://www.pbs.org/wgbh/pages/frontline/shows/persuaders/etc/neuro.html.
2. Fisher, *The First Sex*, p. 6.
3. Ibid., p. 7.

Capítulo 3: Impulsos diferentes

1. Thomas Riggs, ed., *Encyclopedia of Major Mercadeo Campaigns*, vol. 2, (Farmington Place, MI: Gale Cengage, 2006), pp. 1679–83.
2. "'Dove Evolution' Goes Viral, with Triple the Traffic of Super Bowl Spot", *Mercadeo Vox*, 31 octubre 2006, http://www.mercadeovox.com/dove_evolution_goes_

viral_with_triple_the_traffic_of_super_bowl_spot-022944/.

3. Unilever, "The Dove Report: Challenging Beauty", 2004, www.campaignforrealbeauty.com/uploadedFiles/challenging_beauty.pdf.
4. Julian Lee, "That Figures: Women Buy When Ads Get Real", *Sydney Morning Herald* (Sydney, Australia), 3 octubre 2005.
5. "Merrill Lynch Investment Managers (MLIM) Survey Finds: When It Comes to Investing, Gender a Strong Influence on Behavior", abril 2005, http://www.ml.com/index.asp?id=7695_7696_8149_46028_47486_47543.

Capítulo 4: Qué lo hace tic, *qué la hace* tac

1. Barletta, *Mercadeo to Women*, p. 61.
2. CBRL Group, Inc. (Cracker Barrel), *CBRL Group, Inc., 2007 Annual Report*, http://files.shareholder.com/downloads/CBRL/300622968x0x138082/CFCEF854-DE7F-4422-BB93-D9AE70E4C57D/CBRL-2007percent20AR.pdf.
3. Véase http://www.eq-life.com/story.html.
4. Jena McGregor, "Check Those Impulses", *BusinessWeek*, agosto 21/28, 2006, p. 16.
5. Teena Hammond Gomez, "New Office Furniture Caters to Multitasking Women," *The Tennessean* (Nashville, TN), 6 enero 2008: p. H1.
6. Wendy Lee, "Men Put Off Shopping Until the Eleventh Hour", *The Tennessean* (Nashville, TN), 24 diciembre 2007: p. 1E.
7. "Survey Reveals Many Men Share Secret Valentine's Day Desire", http://www.floramex.com/livalentin.htm.
8. Society of American Florists, "Valentine's Survey Results", http://www.800florals.com/care/survey.asp.

9. "Shopping Trends: Battle of the Sexes", *Time*, Estilo y Diseño, primavera 2006, p. 63.

Capítulo 5: Apunta al ojo del espectador

1. Barbara y Allan Pease, *Why Men Don't Listen—and Women Can't Read Maps: How We're Different and What to Do About It* (Nueva York: Welcome Rain Publishers, 2000), p. 103 [*Por qué los hombres no escuchan y las mujeres no entienden los mapas: Por qué somos tan diferentes y qué hacer para llevarlo bien* (Barcelona: Amat, 2001)].
2. Ibid.
3. Leonard Sax, *Why Gender Matters—What Parents and Teachers Need to Know About the Emerging Science of Sex Differences* (Nueva York: Doubleday, 2005), p. 22.
4. Véase http://www.dyson.com/about/story/.
5. Barletta, *Mercadeo to Women*, p. 32.

Capítulo 6: Sentido y sensibilidad

1. Michael Moe, "Finding the Next Starbucks: How to Identify and Invest in the Hot Stocks of Tomorrow" (promoción en la Internet para el libro con el mismo título), http://www.findingthenextstarbucks.com/prologue.html.
2. Linda Tischler, "Smells Like Brand Spirit", FastCompany.com, ejemplar 97, agosto 2005: p. 56.
3. Ibid.
4. Ibid. Véase Martin Lindstrom y Philip Kotler, *Brand Sense: Build Powerful Brands Through Touch, Taste, Smell, Sight, and Sound* (Nueva York: Free Press, 2005) [*Convierta su marca en una experiencia de cinco sentidos* (México D. F., Patria, 2007)].
5. Ibid., p. 57

6. "Aroma of Chocolate Chip Cookies Prompts Splurging on Expensive Sweaters", *ScienceDaily,* 12 enero 2008.
7. Tischler, "Smells Like Brand Spirit", p. 57.
8. Pease, *Why Men Don't Listen*, p. 35.
9. Sax, *Why Gender Matters*, p. 17.
10. Helen Fisher, entrevista telefónica con la autora, 15 junio 2004.
11. Helen Fisher, *The First Sex*, p. 10.
12. Ibid., p. 16.

Capítulo 8: La ciencia de la emoción

1. "Whom Do You Trust?" *Ohio State Alumni Magazine*, noviembre/diciembre 2005, p. 30.
2. Ibid.
3. Robin Lloyd, "Emotional Wiring Different in Men and Women", LiveScience.com, 19 abril 2006, http://www.livescience.com/health/060419_brain_wiring.html.
4. Ibid.
5. Ibid.
6. Nancy K. Dess, "Tend and Befriend: Women Tend to Nurture and Men to Withdraw When Life Gets Hard", *Psychology Today*, septiembre/octubre 2000, http://psychologytoday.com/articles/pto-20000901-000021.html.
7. Ibid.
8. Ibid.
9. Ibid.
10. John McManamy, "Depression in Women", McMan's Depression and Bipolar Web, 2002, http://www.mcmanweb.com/article-31.htm.
11. Thomas J. Moyer, "A Way of Life", *Ohio State Alumni Magazine*, marzo/abril 2006, p. 64.

Capítulo 9: De compras con ella

1. Mark Henderson, "X Factor Explains the Difference Between Men and Women: A Double Dose of the X Chromosome Defines Females and Could Help to Treat Diseases", *Times Online*, 17 marzo 2005, http://www.timesonline.co.uk/tol/news/uk/article429547.ece.
2. Ibid.
3. Ibid.
4. Ibid.

RECONOCIMIENTOS... Y CONFESIONES DE UNA AUTORA PRIMERIZA

Existe una diferencia de género explicada en este libro que encierra las definiciones de éxito de los hombres y de las mujeres. Las mujeres definen el éxito como su habilidad de influenciar a un grupo de personas. Las mujeres también acreditan su éxito personal a la solidez de su red de relaciones.

Por encima de todos los roles maravillosos que tengo en esta vida —esposa, madre, hija, amiga, ejecutiva, líder comunitaria, estratega— soy primero mujer. Y como mujer te digo que sin mi red de relaciones, la gente maravillosa que me apoya, este libro jamás sería una realidad.

Primero, quiero agradecer a mi madre, Bay Reid, por su perspectiva crítica y sus excelentes destrezas para la edición.

He sido bendecida al tener tanto su amor incondicional como su sabiduría para guiarme en todas las áreas de mi vida.

A mi padre, Neil Hand, de quien aprendí tanto mientras crecía siendo la hija del mejor ejemplo de un «hombre de hombres». Es gracias a ti que siento un enorme respeto por los hombres y sus dones innatos. Y mi agradecimiento especial por los bocetos que inspiraron el arte del cazador y la recolectora en el capítulo dos.

A mis amigas Corbette Doyle y Nancy McNulty, quienes me animaron, editaron y compartieron sus historias personales para este libro. Corbette, sin ti repitiéndome que podía lograrlo y haciendo que pareciera tan fácil —esposa comprensiva, excelente mamá y prestigiosa ejecutiva que se levanta todas las mañanas a las 4:30 para escribir— nunca habría sido lo suficientemente loca para empezar. Nancy, eres la madre más sabia que jamás haya conocido, y tu destreza con las palabras —tanto para editar este manuscrito como para hacerme reír en cada momento de mi vida— me mantienen cuerda. Gracias por siempre contestar mis llamadas y darme el mejor consejo para la crianza de mis hijas.

Por haber creído en mí y en este libro, agradezco a David Dunham, quien me llevó a Thomas Nelson.

Y finalmente, quiero agradecer a mis hijas, Ally y Carah, por caminar de puntitas por la casa mientras yo escribía y perdonarme por todas las veces que les pedí: «¿Puede eso esperar? Estoy escribiendo». Y a Phil, mi mejor amigo y esposo, gracias por recoger el desorden, creer en mí, y sobre todo, por amarme a lo largo de esta loca aventura de vida. Sin ti, sería simplemente una concha.

SOBRE LA AUTORA

Elizabeth Pace es una estratega de negocios y una empresaria en serie. Ella ha dirigido las estrategias de crecimiento de tres entidades de capital de riesgo, una compañía pública de biotecnología y un sistema de servicios hospitalarios sin fines lucrativos compuesto de cinco hospitales. Ella es frecuentemente la oradora principal invitada de corporaciones y asociaciones, y dicta conferencias en universidades.

Elizabeth vive en Brentwood, Tennessee, con su esposo y sus dos hijas. Ella te invita a que le envíes un correo electrónico y visites su página en la Internet www.elizabethpace.com.

ÍNDICE

www.ingramcontent.com/pod-product-compliance
Ingram Content Group UK Ltd.
Pitfield, Milton Keynes, MK11 3LW, UK
UKHW020810120325
456141UK00001B/45

* 9 7 8 1 6 0 2 5 5 2 8 9 0 *